N° 151.

4 JUIN 1910.

L'ILLUSTRATION
THÉATRALE

Journal d'Actualités Dramatiques

PUBLIANT LE TEXTE COMPLET DES PIÈCES NOUVELLES
JOUÉES DANS LES PRINCIPAUX THÉATRES DE PARIS

Copyright by Tristan Bernard and Alfred Athis, 1910.

Prix du Numéro : UN FRANC. — Abonnement annuel : FRANCE, 36 francs ; ETRANGER, 48 francs.

13, rue SAINT-GEORGES, PARIS (9°).

Le Costaud des Epinettes au Vaudeville

A collection de *L'Illustration théâtrale* s'est déjà, à maintes reprises, enrichie d'œuvres de M. Tristan Bernard ; nous n'avions pas encore publié de pièce de M. Alfred Athis. M. Alfred Athis a pourtant débuté au théâtre — au Théâtre Antoine — il y a déjà dix ans par un acte, *Grasse Matinée*, qui, particularité à rappeler, fut précisément dédié par son auteur à M. Tristan Bernard. Car, alors même, M. Alfred Athis était depuis longtemps en relations avec M. Tristan Bernard. M. Alfred Athis, sous son authentique nom d'Alfred Natanson, avait, en effet, quelques années auparavant, en qualité de fondateur de la *Revue blanche*, avec ses deux frères Alexandre et Thadée — ce dernier collaborateur de M. Mirbeau pour *le Foyer* — publié le premier article de M. Tristan Bernard : *le Symbole dans la chanson de café-concert* et édité *le Chasseur de chevelures*.

Son acte, *Grasse Matinée*, révéla des qualités d'observation et un don appréciable de force comique ; pourtant, M. Alfred Athis ne donna ensuite rien au théâtre durant cinq ans ; il n'y reparut que le 8 février 1905 avec un acte encore, et encore au Théâtre Antoine : *les Manigances*. Mais l'année suivante, le 3 avril 1906, il redonnait, toujours au Théâtre Antoine, un troisième acte : *Vieille Renommée*, qui eut un succès mémorable. Et puis ce fut, le 2 octobre 1907, aux Nouveautés, le premier résultat de cette collaboration, qui devait se renouveler, avec M. Tristan Bernard : *Cabotine*, comédie-vaudeville en trois actes qui eut un succès d'énorme cocasserie. Trois mois plus tard, d'ailleurs, en janvier 1908, M. Alfred Athis, seul, faisait jouer *le Boute-en-train*, et pendant d'interminables semaines emplissait et secouait de rire la salle de l'Athénée.

****

Comment M. Alfred Athis a collaboré de nouveau avec M. Tristan Bernard, nous le savons par une lettre que les deux auteurs ont adressée au *Figaro* :

« C'était un de ces derniers étés, sur le bord de la mer. Un jour, à la nuit tombante, l'un de nous dit à l'autre de nous : « J'ai un bon sujet de pièce en » deux actes ; mais ce n'est pas tout » à fait une pièce comique, et j'aurais » besoin d'un auteur tragique pour la » terminer. » A quoi l'autre de nous répondit : « Moi aussi j'ai un sujet de » pièce en deux actes, qui n'est pas » tout à fait un sujet gai. » Nous nous racontâmes nos sujets, et nous trou-

vâmes qu'en les fondant on arriverait à faire une pièce en trois actes qui serait ou tâcherait d'être tantôt gaie, tantôt grave, tantôt angoissante, tantôt souriante. Mais ce qui nous manquait toujours à l'un et à l'autre, c'était le collaborateur tragique, jusqu'au jour où nous nous dîmes que rien ne ressemblait autant au théâtre sombre que le théâtre joyeux, et qu'en associant leurs fantaisies, deux auteurs gais pouvaient donner quelquefois, pas très longtemps, le plus furtivement possible, l'impression qu'ils sont un auteur grave.

» Ayant fait cette constatation, nous écrivîmes *le Costaud des Epinettes*. »

Le Vaudeville le reçut, le mit en scène, le joua et ce fut un amusant et vif succès de plus.

****

Toute la presse en a d'ailleurs fait ressortir l'agrément et l'originalité.

M. J. Ernest-Charles constate, dans *l'Opinion*, que le costaud qui évolue au cours de ces trois actes est cousin germain de ces « héros misérables et de ces bandits à la manque » que M. Tristan Bernard nous a présentés dans son livre de nouvelles intitulé : *Amants et Voleurs* :

« Est-ce parce qu'il avait fréquenté ces criminels de fantaisie que Tristan Bernard eut le dessein d'écrire *le Costaud des Epinettes* ? L'idée, au contraire, vint-elle de M. Alfred Athis, l'original auteur de *Boute-en-Train* ? Il est puéril, il est dangereux, parfois, de vouloir pénétrer le mystère des collaborations. Et la tentative est bien superflue lorsque les collaborateurs s'accordent on ne peut mieux et font, à eux deux, une œuvre qu'un seul aurait pu faire...

» Tristan Bernard et Alfred Athis professent volontiers que personne n'est méchant et que l'homme est uniquement la proie du hasard. Leur œuvre est charmante du commencement jusqu'à la fin... Et beaucoup d'esprit s'y répand sur beaucoup de sagesse. »

M. Henri de Régnier fait de même remarquer, dans le *Journal des Débats*, que ce n'est pas la première fois que, dans une œuvre de M. Tristan Bernard, nous nous trouvons en rapport avec des personnages empruntés au monde de la « pègre » et il rappelle qu'avant d'être, avec M. Alfred Athis, l'auteur justement applaudi du *Costaud des Epinettes*, M. Tristan Bernard nous avait conté, dans le recueil de nouvelles intitulé : *Amants et Voleurs*, de savoureuses et comiques histoires patibulaires ; au théâtre également, dans *le Fardeau de la liberté*

et dans le petit chef-d'œuvre qui s'appelle *Daisy*, il avait esquissé de pittoresques figures du même milieu. M. Henri de Régnier estime d'ailleurs que nous aurions tort de nous étonner de ce goût de M. Tristan Bernard pour ce genre de héros. Il le partage avec maints écrivains notoires d'autrefois et d'hier, aussi bien le Romain Pétrone que le Parisien Marcel Schwob, François Villon qu'Eugène Suë, Rabelais que Victor Hugo :

« Souvenons-nous des *Misérables* et des *Mystères de Paris*. Souvenons-nous avec quelle érudition et quelle curiosité Schwob étudiait les Faux Visages de la guerre de Cent Ans, les Coquillards du quinzième siècle et les Boucaniers du dix-septième, avec quel zèle amusé il traduisait, d'après le récit de l'Anglais Daniel de Foë, les mémoires de la célèbre coupeuse de bourses qui s'appelait Moll Flanders !

» L'attrait donc exercé par ce que l'on a nommé « les bas-fonds de la société » sur les imaginations les plus raffinées est indéniable. Disons cependant que cet attrait commun a des origines assez diverses et des résultats assez différents. Certains esprits sont conduits à ce genre d'études par une sorte de dilettantisme, et c'est le cas d'un Marcel Schwob ; d'autres y sont amenés par un sentiment de commisération et de pitié, et parfois aussi par un vague désir de réhabilitation. Ils y cherchent au fond des créatures les plus tombées l'étincelle qui ranimera en elles le feu purifiant du repentir.

» De même que le roman et le conte, l'art dramatique a fait grand usage des héros patibulaires, et MM. Tristan Bernard et Alfred Athis n'ont donc fait, en nous exposant l'aventure du jeune *Costaud des Epinettes*, que se conformer à une tradition littéraire déjà longue, dans laquelle ils ont conquis, l'autre soir, une place particulière, celle que leur donne le point de vue très personnel et très original d'où ils considèrent la manière de vivre des gens parmi lesquels se trouve introduit un beau jour leur Claude Brévin. »

M. Adolphe Brisson observe, dans le *Temps*, que le tourment des dramaturges est de se renouveler, de ne pas éternellement écrire la même pièce, comme il arrive à des peintres de brosser toujours le même tableau :

« La monotonie dans la production est une force et une faiblesse ; elle assigne à l'auteur une spécialité fructueuse, mais elle l'y emprisonne ; il ne peut plus sortir de la petite tour qu'il s'est bâtie. Les gens d'humeur paisible, doués d'une médiocre curiosité d'esprit, s'accommodent d'une telle immobilité. D'autres ressentent l'impérieuse envie de s'évader de la tour, de vagabonder à travers champs,

(Voir la suite à l'avant-dernière page de la couverture.)

Le Costaud des Epinettes

COMÉDIE EN TROIS ACTES

par

TRISTAN BERNARD et ALFRED ATHIS

M. ALFRED ATHIS ET M. TRISTAN BERNARD
Phot. Dornac

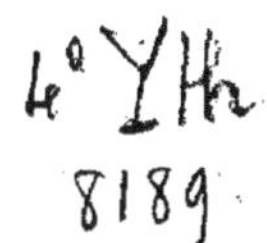

Le Costaud des Epinettes *a été représenté pour la première fois, le 14 avril 1910, au théâtre du Vaudeville.*

PHOTOGRAPHIES BERT

PERSONNAGES

Claude Brévin	MM.	Louis Gauthier.
Doizeau		Lérand.
Gabriel		Jean Dax.
L'Oncle Tabac		Joffre.
Gomez		Larmandie.
Valtier		Pierre Juvenet.
Chémard		Levesque.
Sauvalin		Baron fils.
Chagnard		Maurice Luguet.
Doullens		Maxime-Léry.
Le Baron de Rouget		Georges Lacroix.
La Tanche		Lecomte.
Le Nantais		Faivre.
Ferdinand, dit Fernand		Ferré.
Achille		Chanot.
Jean		Darnaud.
Le Concierge		Vertin.
Julian		Albert Ener.
Le Gérant		Dorgel.
Arsène		Walter.
Le Souffleur		Keller.
Un Monsieur		Paulais.
Un Invité		Duperré.
Irma Lurette	Mmes	Lantelme.
Eugénie		Cécile Caron.
Mme Sauvalin		Ellen Andrée.
Agathe		Carèze.
Marie		Dherblay.
Adèle		Farna.
Clorinde		Maud Gipsy.
Jeanne Dargens		Berthe Fusier.
Julia Varin		Jeanne Lyane.
Valentine Gay		De Brysse.
Ginette		J. Forzane.

A Paris, de nos jours.

Une partie de lutte dans un café-restaurant du quartier des Épinettes.

LE COSTAUD DES EPINETTES

ACTE PREMIER

Un café-restaurant dans le quartier des Épinettes. A gauche, la rue. Au fond, le comptoir. A droite, une porte conduisant à la salle de billard. Bien qu'il soit surtout fréquenté par des rôdeurs et des repris de justice, l'établissement de l'oncle Tabac n'a rien du bouge traditionnel. Suffisamment clair et propre, il est haut de plafond et hygiénique, comme la célèbre maison de Fresnes, dont il est en quelque sorte l'antichambre. A plusieurs reprises, au cours de l'acte, des consommateurs entrent et sortent, après s'être fait servir au comptoir. Au lever du rideau, deux hommes sont en train de se battre, entourés d'une galerie bruyante et gouailleuse, qui semble suivre la lutte avec passion: « Hardi! Hardi!... Vas-y, Nantais! Crève-le un peu!... Mais suis-le donc, feignant!... Vas-y de ton lingue!... » Soudain, les deux combattants roulent à terre. Les vociférations et les trépignements redoublent jusqu'au moment où l'on entend un cri de douleur poussé par le vaincu.

LE NANTAIS, le vainqueur, se levant et d'un ton très calme. — Tu vois, c'est ce qu'on appelle l'armlock à terre. Je te disais bien qu'on n'y résistait pas. (L'aidant à se relever.) Je ne t'ai pas fait trop de mal?

FERNAND, un peu étourdi. — Ça va bien, ça va bien!

Il se frotte le bras.

LE NANTAIS. — C'est simple, mon vieux. Seulement c'est surtout de faire vite, pas rester sur la défensive, attaquer aussitôt que tu peux. T'as compris, au moins? Veux-tu que je recommence la démonstration?

FERNAND. — Ça suffit, je te remercie.

AGATHE. — Ben quoi? C'était pas une lutte? On chiquait?

LE NANTAIS. — J'y montre une leçon.

AGATHE. — Moi qu'a laissé mon café froidir pour me payer ça! (Elle revient s'asseoir à une petite table, en face d'Achille.) Moi qui croyais que c'était de la bourre!

LE NANTAIS. — Penses-tu que je vas abîmer mon petit pays pour te faire plaisir? C'est-il vrai qu'on est pays, Fernand? J'y montre à se comporter dans la vie.

Il s'assied à une table, avec Fernand. Les autres consommateurs sont retournés s'asseoir au fond.

ACHILLE. — Et pis, t'émotionne pas, mon Agathe. Dans l'établissement à l'oncle Tabac, jamais tu ne verras du vilain. (A Tabac, qui les sert.) Pas vrai, Tabac, mon petit oncle?

TABAC, sortant de son comptoir. — Oh! je suis tranquille. C'est tout feignants dans ma clientèle. Ils n'ont de fiel qu'au-dessous de seize ans. A peine poussés, ils deviennent doux comme de la grenadine. Ils ont peur des coups pour leur petite peau douce. Et puis c'est des sportmannes! On ne se poche pas, on fait du jitsu, on ne se peigne pas, on fait de la boxe anglaise! On s'envoie bien un coup par-ci par-là, mais on regarde où c'est qu'on tape, au lieu de rentrer comme on faisait, les yeux fermés, et je t'en passe, et je t'en passe, tant pis si je serai cogné, mais je cognerai!

AGATHE. — C'est vrai, ce qu'il parle: mon Achille est de ce numéro-là. Depuis qu'il fait de la boxe, jamais plus question de sortir son lingue. Il devient sage comme une gosseline. Quand il me fout une gifle, il me demande la permission. Il met de la graisse dans ses mains, il prend soin de ses poings, je crois qu'il va porter des mitaines. C'est pas vrai, ce que je dis là?

ACHILLE. — C'est juste.

Il rit.

AGATHE. — Il s'entraîne, qu'il dit. Alors, à neuf heures recta, il se pagnotte comme un gosse au biberon. Et qu'est-ce qu'il fait dans le pieu? Croyez-vous qu'il me cajole? Ben non, j'existe plus. Il roupille comme un chien mort.

ACHILLE. — Dis que je vas m'esquinter pour couper mes petites jambes et moucher du sang.

AGATHE. — Et c'est pas tout. Lui qu'en cachait à table, que c'était un plaisir, et des miches de pain, et du saucisson, et des tripes, et du livarot, maintenant il va déjeuner à la pharmacie! L'aut' matin, il m'a demandé du pain grillé. Je vas le nourrir avec de l'échaudé et du mouron, comme un canari.

ACHILLE. — J'ai encore deux kilos de trop pour passer dans les poids moyens: y a pas, faut que je les perde. Si tu veux mon avis, ferme! C'est de l'entraînement, tu ne comprends pas, t'es bouchée.

AGATHE, *se levant.* — Il me court, ton entraînement. J' peux pas dire tout ce qu'il invente, personne ne le croira. Il est à peine jour qu'il se fout à bas du pieu, et qu'est-ce qu'il fait, mesdames? Il saute à la corde, comme une fillette dans un square. Ça n'est pas malheureux?

ACHILLE. — Tu fermeras?

AGATHE. — Je causerai ce qui me plaira. Je te crains plus; t'es une demoiselle. (*S'approchant de la table où sont assis le Nantais et Fernand.*) C'est vrai, à présent qu'il fait du sport, monsieur s'est rangé des voitures. L'aut' soir, v'là Giroud qui radine, tu sais, Alfred, le grand, qu'est un peu marteau. Alfred y dit: « Viens-tu? Y a quéqu' chose à faire à Neuilly, dans une petite villa bien tranquille. Les patrons sont partis d'hier: sur le coup de minuit, on sera paisible pour la déménager. » Eh bien, il n'a rien voulu savoir! Pourquoi ça? Non, qu'il dit, pas à Neuilly, je connais trop de monde, des sportmannes de la boxe qui demeurent par là. En s'entraînant, monsieur a fait des connaissances: des plombiers, des serruriers. Voilà-t-il pas qu'il cherche à entrer comme ouvrier dans une fabrique? Heureusement qu'il ne sait rien faire, sans ça, il serait capable de tout!

ACHILLE. — T'as fini?

AGATHE. — J'en dirais bien d'autres. (*A Tabac.*) Un poivrot qui nous rencontre hier soir, qui se met à nous entreprendre. Mon Achille se dispose à cogner. L'aut' salaud cachait sa figure. Moi je disais: « Tapes-y dans le ventre. » Non, qu'il dit, Achille, pas dans le ventre: c'est un coup défendu.

TABAC. — Elle est bonne!... Ainsi, il ne travaille plus?

AGATHE. — Non, y a pus que moi dans le ménage pour aller au marché d'empoigne.

TABAC. — Alors ce petit couvert d'argent de l'autre jour, ça serait pas de lui?

AGATHE. — Non, c'est de l'ouvrage à moi. A propos, vous m'avez donné deux thunes dessus et vous m'avez dit que si les affaires marchaient, j'aurais encore quelque chose...

TABAC. — Tu déménages! J'ai déjà eu trop bon cœur.

AGATHE. — Ah! on ne vous a pas! Et quand on vous a, faut vous tenir, car vous n'êtes pas commode à ravoir. Quel vieux fabricant!

Entre Jules, dit la Tanche.

LE NANTAIS, *l'apercevant.* — La Tanche! Ah! La Tanche! (*Il va à lui.*) Eh bien, mon petit poteau, y a du bon! C'est donc ton tour de prendre l'air?

LA TANCHE. — C'est ce qu'on dit.

LE NANTAIS. — De ce matin?

FERNAND. — Je te disais bien, hé Nantais, que monsieur n'avait pus que quéqu' jours à tirer.

LE NANTAIS. — C'est que je me trompais. Voyons, c'était bien les premiers jours d'octobre que t'étais passé à la neuvième?

LA TANCHE. — Le dix octobre. Mais les cinquante-quatre jours de prévention, c'est-il compris ou non dans la facture?

LE NANTAIS. — Ah! oui, y a la prévention. Ce que j'en disais là, c'était pas faute de l'espérer. Le temps nous durait, petit frère. Encore hier soir, la gosse Moulin et moi on causait de toi.

LA TANCHE. — La gosse Moulin? T'es donc plus ensemble avec Anna?

LE NANTAIS. — Tu reviens de loin, poteau! Y a eu des permutations: Anna, du moment, c'est la comtesse à monsieur. (*Présentant.*) Ferdinand, dit Fernand.

LA TANCHE. — Faut m'excuser, j'ai perdu le fil, je reviens de ma maison de campagne.

LE NANTAIS. — Tabac, mon petit oncle, v'là l'enfant qui rentre chez sa famille: tu payeras bien une tournée.

TABAC, *à la Tanche.* — Te voilà revenu? Comme le temps passe!

LA TANCHE. — Il est gracieux. Les jours sont longs à Fresnes. (*Aux autres.*) Avez-vous vu ce qu'il est gracieux?

AGATHE. — C'est qu'il veut payer un verre de plus. Il avait son idée, s'il t'a fait ce petit compliment-là.

TABAC. — L'usage est l'usage. Je vas vous apporter ça.

LE NANTAIS. — Il n'est pas dur aujourd'hui.

LA TANCHE. — Il fait bien. Il n'est que temps que je me la mouille. Ce qu'il commence à faire sec dans mon petit gosier!

Tabac vient s'installer à leur table, ainsi qu'Agathe. Achille reste debout à côté d'eux. Arsène apporte les consommations.

TABAC, *versant à boire.* — Et le Caporal donc? Comment se fait-il qu'il soye pas sorti quand toi?

LA TANCHE. — Le Caporal? Il en a encore pour six mois.

TABAC. — C'était pourtant le même délit.

LA TANCHE. — Oui, mais c'était pas le même président. Le Caporal a passé à la dixième où le beurre est plus cher. Tandis qu'à la neuvième, le père Voitelle, tu peux y envoyer du monde. C'est un vieux papa qui comprend la vie. Je gage que, sans mon avocat, je m'en tirais avec trois mois.

LE NANTAIS. — Ton avocat t'a fait saler?

LA TANCHE. — Un petit daim qu'avait voulu me défendre à toute force. Il s'était fait recommander par Bébert, l'artilleur; Louiset aussi m'avait donné un mot pour lui. Moi, bonne bête, j'avais dit: ça va, un babillard ou un autre... Quand je l'ai vu rappliquer chez le juge d'instruction, je m'en ai repenti tout de suite... Un fils de banquier, qui n'avait pas seulement vingt-deux berges. Il ne connaissait rien, pas même le tarif!

FERNAND. — Le tarif?

LE NANTAIS. — Le tarif de mon délit. Il s'était mis dans la tête que j'étais passible de cinq ans. Y avait pas à plaider l'innocence: on m'avait chauffé sur le fait. Il fait donc appel à l'indulgence du tribunal, disant qu'avec deux ans sous les verrous je reviendrais honnête et bon, prêt à mener une vie nouvelle. Deux ans, c'était mon maximum! Sans le président qui m'a repêché, je tirais mes deux berges en province. Mais tu parles qu'il a pris quéque chose, le défenseur, quand je l'ai retrouvé après l'audience. J'y ai dit que j'allais écrire à son père pour qu'y y fasse donner des leçons de droit. J'y ai dit encore: « Demandez à un flic le chemin de l'Ecole! » C'est vrai, nous payons des professeurs pour leur apprendre le code et c'est ça qu'ils nous fabriquent comme avocats! (Au garçon.) Bonjour, Arsène!

LE GARÇON. — Sorti de ce matin?

LA TANCHE. — De ce matin. On se retrouve!

LE GARÇON. — Moi, on me retrouve toujours ici. J'ai pas la ressource de sortir.

Entre Claude Brévin. Il porte un vêtement de coupe élégante mais élimé et un foulard en guise de faux col. Il regarde un instant autour de lui puis s'approche de l'oncle Tabac.

CLAUDE. — Monsieur Vinet...

TABAC. — Ah!... Une minute...

Claude va s'asseoir à une table de gauche.

LA TANCHE. — Tiens! Qu'est-ce que c'est que ce client-là?

FERNAND. — C'est la première fois qu'il vient ici.

LE NANTAIS. — Je l'ai jamais vu.

FERNAND. — Ni moi.

TABAC. — Moi, je le connais, si vous ne le connaissez pas. Il me doit deux mille francs, ce petit monsieur-là.

FERNAND. — Deux mille balles!

TABAC. — Oui, mon fils, deux mille francs que j'y ai prêtés sur sa jolie gueule.

LA TANCHE, riant. — Ah! Ah! sa jolie gueule!

AGATHE. — T'as cru que c'était une gueule de rapport.

LE NANTAIS. — Je parie que tu y as vendu cher son pognon, à ce fils de famille.

LA TANCHE. — Et t'as été refait, Tabac, mon petit oncle! Dis donc, c'est un peu ton tour.

AGATHE. — A de pauvres frérots comme eux, c'est rare si tu ferais trente ronds d'ardoise...

LA TANCHE. — Suffit que t'ayes vu un monsieur en jaquette, tu y as refilé ta petite galette, vieux naïf!

AGATHE. — Mais, qui sait? peut-être bien qu'aujourd'hui il te le rapporte, ton pèze?

TABAC. — Il n'a pas la tête à ça.

LA TANCHE. — Non, il n'a pas l'allure de quéqu'un qui rapporte de l'argent.

AGATHE, regardant Tabac en riant. — Et toi, tu n'as pas le sourire de quéqu'un qui va en toucher.

LE NANTAIS. — Dis donc, s'il te paye ce matin en louis d'or, t'en mettras bien un de côté pour une tournée d'apéro?

LA TANCHE, au Nantais. — Si tu comptes sur celui-là pour te l'humecter...

AGATHE. — C'est pas aujourd'hui que tu rentreras le nez sale. (Regardant Claude.) Il est élégant, ton purotin.

LA TANCHE. — Son veston lui va bien : il ne bouffe pas trop à la poche.

LE NANTAIS. — C'est égal, petit oncle, c'est un peu malheureux d'arriver à ton âge, de n'avoir plus que quatre dents et la peau vilaine, pour qu'un petit oiseau comme celui-là vous fasse voir du pays.

TABAC. — C'est ça, amusez-vous pendant que vous êtes jeunes. A ma place, mes cousins, le plus malin aurait marché. Du temps que j'ai fait l'affaire, il avait encore un père très douillard. Seulement, c'était à la Bourse, et dame, ça n'a pas duré.

LA TANCHE. — Ah! la Bourse!

TABAC. — Tu connais la Bourse, toi?

LA TANCHE. — Je la connais sans la connaître. Y a mon beau-frère qu'avait pas le rond, et qui a encore trouvé moyen d'y perdre cinquante mille balles.

TABAC. — Ce garçon-là, tout de même, quand je l'ai connu...

FERNAND. — C'est qu'il y pense encore!

AGATHE. — La vie est courte, papa: que tu laisses quéques fafiots de plus ou de moins à tes héritiers...

LE NANTAIS. — Raconte ton malheur, puisque ça te console. Du temps que tu l'as connu...

TABAC. — Il avait une belle voiture à deux chevaux.

LE NANTAIS. — Et maintenant il serait content de toucher deux ronds pour ouvrir sa portière.

TABAC, se levant. — Cet argent-là n'est pas encore perdu, vous bilez pas.

FERNAND. — Oh! n'aie pas peur qu'on se bile pour ça. On se fait une raison.

LA TANCHE, se levant. — On est tout consolé.

LE NANTAIS, de même. — La preuve qu'on n'y pense plus, c'est qu'on va faire une poule au billard.

LA TANCHE. — Est-ce que le drap est raccommodé?

LE NANTAIS. — Je te crois, Benoît. Y a une reprisure large comme le doigt au milieu.

FERNAND, à Arsène. — Porte-nous nos verres dans la salle à côté. On va faire une poule au billard.

LA TANCHE. — Y a longtemps que j'y ai pas joué. A Fresnes, très peu de poule au bouchon.

LE NANTAIS. — Tu viens, Achille?

ACHILLE. — Non, je vais m'entraîner, c'est l'heure. La môme va rester avec vous.

AGATHE. — Il ne demande qu'à me plaquer. C'est meilleur pour son entraînement. Quel vieux tas de mélasse que ce grand veau-là!

Elle entre à droite, suivie par la Tanche, le Nantais et Fernand. Achille sort à gauche.

TABAC, regardant Claude, à Arsène. — Ce qu'il a les poches plates! Y a pas, faudra qu'il s'occupe pour les remplir. Moi, j'aime pas être refait: ça me coupe ma digestion. (Haut à Claude.) Ah! vous voilà, vous! C'est gentil de vous être dérangé. Vous avez votre timbre de quittance?

CLAUDE. — Je n'ai pas le timbre sur moi, mais j'ai toujours bien les deux sous. C'est même la moitié de ma fortune.

TABAC. — Vous êtes bien aimable de prendre la chose en riant. Il y en a tant qui se fâchent quand on leur réclame de l'argent.

CLAUDE. — Moi, je ne me fâcherai pas pour ça. Réclamez-m'en tant que vous voudrez.

TABAC. — Vous avez plutôt du culot de vous être dérangé pour me dire ça !

CLAUDE. — Ce n'est pas pour ça que je suis venu...

TABAC. — Enfin, quoi ? Ma galette ?

CLAUDE. — Justement, votre galette, je viens vous en demander.

TABAC. — Eh bien ! je m'assieds pour vous regarder. Vous n'avez vraiment pas peur !

CLAUDE. — Qu'est-ce que vous voulez ? Je suis seul au monde, je n'ai plus de famille, je n'ai qu'un créancier. A qui voulez-vous que je m'adresse, sinon à vous ? Vous, au moins, je vous intéresse, jusqu'à concurrence de deux mille francs.

TABAC. — Deux mille trois cents.

CLAUDE. — Oui donc. Eh bien, je vous intéresse encore plus que je ne pensais. Et chaque mois, chaque semaine, chaque jour augmente l'intérêt, le gros intérêt que vous me portez. Vous voyez bien que c'est à vous qu'il faut m'adresser. S'il y a quelqu'un qui puisse s'occuper de me faire avoir de l'argent, c'est vous.

TABAC. — Bien sûr que je m'en occuperais si c'était possible. Mais à quoi êtes-vous bon ? Vous ne voulez rien faire. Avez-vous seulement essayé de vous procurer du travail ?

CLAUDE. — Essayé ! Mais je ne fais que ça. J'ai déjà essayé plus de métiers à moi tout seul que tous ceux qui sont là réunis. Savez-vous ce que j'ai été ? Regardez toutes les professions du Bottin. J'ai été professeur d'italien, garçon dénicheur, comptable dans une ménagerie, placier en accessoires de cotillon... est-ce que je sais ?... Seulement la déveine me poursuivait. Il me suffisait d'entrer comme employé dans l'entreprise la plus prospère, pour la voir péricliter en une semaine. Tenez, j'étais entré comme commis dans une maison de déballage du faubourg du Temple... Vous l'avez peut-être vue : il y avait une vieille bande de calicot tout usée, qui se balançait depuis quelques années : « Aux trois derniers jours de vente ». Une maison d'une solidité à toute épreuve. Eh bien, trois jours après mon entrée, on cessait de vendre, pour de bon. Après ça, j'ai été encore bien heureux de trouver une place d'homme de peine dans une grande maison de banque. Je n'y étais pas depuis douze heures que le banquier m'examine et me dit : « Mon garçon, vous êtes un déclassé, mais vous me paraissez avoir des qualités sérieuses. Vous n'êtes pas fait pour les gros ouvrages. Vous serez mon secrétaire particulier aux appointements de cinq cents francs par mois. » C'était un homme de bonne volonté. Malheureusement les circonstances de la finance l'obligèrent à foutre le camp au bout d'une semaine. Il ne laissait pas un sou à son secrétaire. Seuls, les hommes de peine, mes anciens collègues, avaient été payés. Voilà... voilà... C'est toujours la même chose. Aussi je me dis : à quoi bon ?...

TABAC. — Alors ?

CLAUDE. — Alors, cette vie-là ne peut pas durer... Parce que c'est très gentil de blaguer, mais n'empêche qu'hier, je suis passé à côté de la Seine... L'eau paraissait si tranquille et si profonde : j'ai eu envie d'entrer... (D'un ton plus gai.) Ce qui m'a retenu, c'est mon créancier. J'ai pensé que ma peau vous appartenait un peu et que je n'avais pas le droit de vous priver de deux mille francs d'espérances. De sorte que vous m'avez sauvé la vie... On n'abandonne pas un homme à qui on a sauvé la vie... Aussi je suis venu vous trouver pour vous parler, pour vous parler sérieusement, cette fois, et pour vous dire : père Tabac, il faut que ça finisse. Je n'ai pas encore manqué de pain, mais je n'ai bouffé que ça depuis quatre jours, deux sous le matin, un sou le soir : ce n'est pas un régime. Et il est un peu trop tôt, tout de même, pour crever ! (Les dents serrées.) Alors, quoi ! je veux lutter, je veux me défendre, et, vous m'entendez, n'importe comment ! Vous êtes un homme de bon conseil, vous avez quelquefois des tuyaux excellents pour les gens qui n'ont pas les foies blancs. Eh bien, il faut m'indiquer ça, je suis votre homme... Et si, en attendant vous pouviez me faire servir une petite portion de viande, vous m'obligeriez infiniment.

TABAC. — Des tuyaux, des tuyaux... on n'en trouve pas tous les jours... Enfin, tenez, je vais vous faire donner un morceau. Entrez par là. Ici on ne sert pas à manger... Arsène !

ARSÈNE. — Patron ?

TABAC. — Va chercher une assiettée de soupe avec un morceau de bouilli dedans. Tu monteras aussi une bouteille de vin... Tu mettras ça sur un bout d'ardoise... (A Claude.) On va vous servir par là.

CLAUDE. — Merci.

TABAC. — Ça va. (Claude entre à droite. Tabac donne un coup de torchon à la table de droite, en chantonnant entre ses dents. Entre du dehors Gomez, assez élégamment vêtu, qui regarde autour de lui. Tabac, l'examinant.) Qu'est-ce que c'est que ce type-là ? (Allant à lui.) Vous cherchez quelqu'un, monsieur ?

GOMEZ. — M. Doizeau ?

TABAC. — Il est là, au fond, qui écrit. (Appelant.) Monsieur Doizeau ! on vous demande.

Doizeau, un petit vieux, assez propre, qui écrivait au fond, le dos tourné, depuis le lever du rideau, s'approche de Gomez. Tabac remonte à son comptoir.

DOIZEAU. — Comment, vous voilà venu ici, monsieur Gomez ?

GOMEZ. — Ce n'est pas par plaisir, je vous assure, je n'aime guère venir dans des endroits pareils. Mais je sais qu'on vous trouve ici tous les vendredis. Il faut donc que je vienne vous chercher, puisque vous ne donnez pas signe de vie.

DOIZEAU, l'attirant sur le devant de la scène et baissant la voix. — Eh bien, monsieur Gomez, vous avez été bien inspiré. Justement l'homme en question, le nommé Gabriel, doit venir ici tout à l'heure. (Tirant sa montre.) Il devrait déjà être là. Vous allez le voir d'un moment à l'autre.

GOMEZ. — Oh ! je n'y tiens pas !

DOIZEAU. — Ne dites pas ça. Ça vaudra bien mieux : vous vous rendrez compte par vous-même de ce qu'il peut faire.

GOMEZ. — Qu'est-ce que c'est que cet homme-là ?

DOIZEAU. — Un garçon sérieux... On s'entendra bien avec lui.

GOMEZ. — Solide ? (Doizeau incline la tête.) Et sûr avec ça ?

DOIZEAU. — Une discrétion à toute épreuve. C'est un type qui travaille seul. Jamais il ne fait partie d'une bande. Il s'organise dans son coin. Il vit à part et ne voit personne.

GOMEZ. — Enfin, quoi? vous lui avez touché un mot... et il consent à marcher?

DOIZEAU. — En principe l'affaire lui sourit; seulement, il demande encore quelques explications.

Tabac sort à droite.

GOMEZ, nerveux. — Oh! oh! il faut qu'il marche! Absolument, et sans retard. Le patron ne se tient plus d'inquiétude. Cette garce de fille peut faire un scandale d'une minute à l'autre! Du temps qu'elle était encore à peu près convenable et dans sa famille, ça allait bien. Maintenant la voici au théâtre!

Il s'assied à la table de gauche.

DOIZEAU, s'asseyant en face de lui. — Et très lancée dans la galanterie.

GOMEZ. — Comme vous le dites élégamment... Alors, nous ne sommes pas tranquilles. Elle a trop de relations. Un journaliste peut avoir vent de ces sacrées lettres. Supposez qu'elle les donne par vengeance, ou qu'elle les vende, quelle effroyable aventure! Voilà le patron forcé de renoncer à la Chambre, à toutes ses fonctions dans la banque, et peut-être rayé de la Légion d'honneur! Le pauvre n'en dort pas. Chaque matin, il ouvre son journal et il se dit: « Est-ce que c'est pour aujourd'hui? Vais-je voir mes lettres autographiées dans le journal? »

DOIZEAU. — C'est donc si fâcheux que ça, ce que racontent ces lettres? (Gomez ne répond pas.) Oh! je n'ai pas l'indiscrétion...

GOMEZ, négligemment. — Une histoire de testament...

DOIZEAU. — Falsifié?

GOMEZ. — Enfin... recopié... Une folie de jeune homme. Sa famille, par sa faute, allait être ruinée. Une petite modification de rien du tout au testament de son oncle, et la situation était rétablie.

DOIZEAU. — Et il a fallu qu'il raconte ça, tout au long, dans sa correspondance?

GOMEZ. — Il était fou de cette femme! Il avait en elle une confiance absolue. Il ne s'imaginait pas qu'il la plaquerait un jour. Alors, vous voyez ça, un procès des héritiers, un scandale, la cour d'assises!

DOIZEAU. — Et vous croyez que cette femme ne se dessaisirait pas de ces lettres si on lui offrait un bon prix?

GOMEZ. — Le patron la connaît. Il dit qu'elle est peut-être intéressée, mais pas assez pour renoncer à une vengeance possible contre lui. Et puis, elle ne se rend pas compte de l'importance de ces lettres. Une démarche imprudente suffirait pour attirer son attention. Elle se dirait: « J'ai dans la main une arme dangereuse... » Alors, elle ne la lâcherait pas.

DOIZEAU. — Évidemment...

GOMEZ. — Non, il faut en finir radicalement avec cette femme. C'est insupportable de penser qu'une créature pareille peut menacer l'existence et l'honneur de toute une grande famille!

DOIZEAU. — Certainement: l'honneur avant tout!

GOMEZ. — Eh bien, dites donc, il ne vient pas vite, votre homme!

DOIZEAU. — Un peu de patience, puisque je vous dis que je l'ai. Et vous ne vous doutez pas du mal que j'ai eu à l'avoir. C'est difficile de trouver quelqu'un.

GOMEZ. — Si difficile que ça?

DOIZEAU. — Vous n'avez aucune idée. Je ne cher-che pas à me faire valoir, mais si ça n'avait pas été pour vous être agréable...

GOMEZ. — Que diable! l'affaire est assez allé-chante, la somme à palper ne se trouve pas tous les jours, et je ne peux pas croire que parmi tous les gens qui viennent ici, dans ce bouge...

Tabac rentre en scène et retourne à son comptoir.

DOIZEAU. — Vous vous faites, sur cet établissement, des idées un peu... romanesques, passez-moi l'expression. Vous vous imaginez que tous les malfaiteurs se donnent rendez-vous ici, que c'est le marché des assassins, et qu'il n'y a qu'à venir, qu'à jeter un coup d'œil et à embaucher celui dont la figure vous aura paru la plus sinistre... C'est des histoires, monsieur Gomez. Moi, je commence à connaître tous ces clients-là. Je les connais, sans les fréquenter, bien entendu, et sans avoir affaire à eux, mais je les connais bien. Voilà sept ans que je viens tous les vendredis faire les écritures de l'oncle Tabac: c'est le patron, M. Vinet, qu'on a surnommé comme ça...

GOMEZ. — Un vieux forban, paraît-il, un peu recéleur, un peu prêteur sur gages, un peu usurier...

DOIZEAU. — Enfin... il s'occupe... Tout ce que je puis dire, c'est qu'il est très ordonné. Je lui fais ses comptes. Et il tient à ce que ça soit fait avec méthode. C'est un bon signe, ça... Je vous disais donc que je viens ici tous les vendredis, et que je connais bien tout ce monde. Eh bien, je vous garantis que pour trouver là-dedans un homme sérieux, un homme comme il nous en faut un, (Avec un geste de dénégation de la tête.) on n'a pas un grand choix, monsieur Gomez. Qu'est-ce que c'est, pour la plupart? Du petit gibier de rien du tout, des enfants de dix-sept, seize, quinze ans même, qui jouent au voleur. Quelle confiance voulez-vous avoir dans une friture pareille? Oh! s'il ne s'agit que de faire les daims, de s'envoyer des coups de surin pour épater les petites femmes, ils sont toujours là pour ça. Mais si c'est quelque chose à combiner, une affaire importante... Comment voulez-vous livrer les secrets de votre patron à des gamins comme ceux-là?

Tabac s'approche d'un groupe de consommateurs qui jouent aux cartes, au fond de la scène.

GOMEZ. — Il y en a tout de même de plus âgés.

DOIZEAU. — Ils ne sont plus ici, mon cher monsieur. Ils sont dans les maisons centrales.

GOMEZ. — Pourtant, celui-là, tenez, celui qui lit son journal?

DOIZEAU. — C'est une nullité... Croyez-moi: bien sûr, il y a des exceptions, mais, en règle générale, vous pouvez vous dire que, passé dix-huit ans, quand un de ces hommes-là n'est pas dans une maison centrale, c'est qu'il n'a pas été capable d'y entrer.

GOMEZ. — Mais quoi? tout de même, ils finissent bien par en sortir?

DOIZEAU. — Ils en sortent abrutis. Là-bas, tenez, il y a un gaillard, vous voyez, au fond, qui a la tête dans ses mains. Il en vient.

GOMEZ. — Oui, celui-là est un gars solide.

DOIZEAU. — Au point de vue de l'âge, il aurait fait l'affaire... Mais, depuis sa sortie, il y a près d'un an, il ne dessoûle pas, ou plutôt il ne dessoûle jamais que d'une goutte. Il suffit d'un petit verre pour le remettre en état... Ah! non, monsieur Gomez, ça ne se trouve pas comme vous croyez. Si encore... Mais vous allez peut-être me dire que je me mêle de ce qui ne me regarde pas...

GOMEZ. — Eh bien?

DOIZEAU. — Si encore vous étiez moins exigeant, s'il vous suffisait d'avoir les lettres, sans... autre chose.

GOMEZ. — Comment, sans autre chose?

DOIZEAU. — Sans qu'il y ait trop de vilain...

GOMEZ. — Mais vous ne comprenez donc pas?... Ça n'avancerait à rien...

DOIZEAU, finement. — Oh! si, je comprends, je comprends qu'à votre point de vue à vous...

GOMEZ. — Qu'est-ce que vous voulez dire?

DOIZEAU. — Mon cher monsieur Gomez, je vous suis dévoué corps et âme. Mais, je vous en prie, ne cherchez pas à m'acheter. Ce n'est pas la peine; vous m'avez déjà. Je me doute bien, parbleu! que votre intérêt à vous, ce soit... d'aggraver les choses: quand il y aura entre votre patron et vous ce petit souvenir-là, votre situation auprès de lui n'en sera sans doute pas plus mauvaise...

GOMEZ. — Ne vous occupez donc pas de ça. Faites ce qu'on vous dit... Ah ça! mais! Et votre homme?

DOIZEAU, se levant. — C'est curieux qu'il n'arrive pas! (Il va jusqu'à la porte d'entrée.) Tiens! il était là, devant la porte! (A la cantonade.) Eh bien, dites donc, vous m'oubliez!

Entre Gabriel. C'est un garçon très large d'épaules, d'aspect vigoureux, mais timide.

GABRIEL. — Ah! vous êtes là, monsieur?

DOIZEAU. — Eh bien, oui, je suis là.

GABRIEL. — Je croyais que le rendez-vous était pour la demie. Alors, comme ce n'était pas l'heure, je ne voulais pas vous faire l'affront d'arriver plus tôt. J'attendais à la porte.

DOIZEAU. — Venez par ici. (Gabriel le suit, en retirant sa casquette. A Gomez.) Voici le jeune homme en question. (A Gabriel.) Gardez votre casquette.

GABRIEL. — Merci, monsieur.

GOMEZ. — Asseyez-vous donc. (Il s'installe à la table de droite.) Qu'est-ce que vous allez prendre?

GABRIEL. — Oh! monsieur! C'est à vous de le dire.

GOMEZ. — Mais non, choisissez.

GABRIEL. — Non, non. A vous l'honneur du choix.

GOMEZ. — Je vous en prie... Nous sommes pressés.

GABRIEL. — Eh bien, la même chose que ces messieurs.

DOIZEAU. — Moi, je ne bois jamais... (A Gomez.) Et vous?

GOMEZ. — Moi, n'importe quoi. Un sirop.

DOIZEAU. — Non, autre chose. Ne vous faites pas remarquer.

Il s'assied à côté de Gomez.

GABRIEL, s'asseyant en face d'eux. — Si ces messieurs veulent m'autoriser à donner une idée, ils ont un bon petit vin blanc sucré, dans cette maison ici. Le patron le fait venir de chez lui. C'est du vin bien naturel.

GOMEZ. — Vous n'auriez pas préféré un verre d'eau-de-vie?

GABRIEL. — Oh! non, non! Pas d'alcool. Ça me donne des aigreurs... Je suis plutôt solide, mais il faut que je fasse attention à mon estomac. L'année dernière, j'étais aux eaux, comme garçon de bains, pour me soigner à l'œil à l'établissement. Je ne dis pas où que c'était, parce que j'ai quitté précipitamment... On avait remarqué qu'il se perdait des montres... (Le garçon, à qui Doizeau a fait tout bas la commande, apporte un litre et des verres. Doizeau a rempli les verres, deux à moitié, et celui de Gabriel jusqu'au bord.) Je vous demande pardon, si je bois tout de suite,

mais j'ai marché vite pour ne pas faire attendre ces messieurs. J'habite Montrouge, et la correspondance, c'est long quelquefois, au Châtelet. J'ai pas mis longtemps à venir de l'avenue de Clichy jusqu'ici. A la santé de ces messieurs, et, comme on dit, à la bonne réussite de leurs projets! (Il boit.) Il est bon, mais ça doit être un autre fût. Il sent moins son raisin.

DOIZEAU. — Eh bien, Gabriel, avez-vous réfléchi?... Parlez librement devant monsieur comme devant moi. L'affaire vous sourit-elle toujours?

GABRIEL. — Ah! sourire! sourire! ça n'est jamais souriant: on travaille parce qu'il faut. Mais tant qu'à dire que j'y suis disposé, je puis le dire, messieurs, oui, j'y suis disposé.

DOIZEAU. — Bon.

GABRIEL. — Seulement, il est bien entendu, n'est-ce pas? que je serai seul à travailler?

DOIZEAU. — Ça va sans dire. Nous y tenons encore plus que vous.

GABRIEL. — Chacun sa façon, n'est-ce pas? Je ne me mets plus jamais à plusieurs. Je dis une chose, moi, c'est qu'on est d'abord sûr de soi, et puis c'est tout. Pour commencer, les camarades sont des camarades, et puis ça finit toujours par se gâter. Moi, je n'ai à me fier que sur moi; par le fait aussi, je ne compte que sur moi, et je me repose pas sur les autres. Alors, je ne néglige rien...

GOMEZ. — Ce sont d'excellents principes... Vous avez déjà... fait pas mal de besognes dans ce genre?

GABRIEL, souriant. — Monsieur peut être tranquille. Je connais mon oignon.

DOIZEAU. — Oh! c'est un garçon à la hauteur. Et sérieux! Et qui ne se fera pas pincer!

GABRIEL. — Sûr et certain. Jamais ça ne m'est arrivé!

GOMEZ. — Vous n'avez pas de casier?

GABRIEL. — Tout blanc, messieurs. Je l'ai sur moi, je peux vous le montrer. (Il cherche dans ses poches.) Je l'aurai laissé dans ma commode.

GOMEZ. — C'est inutile...

GABRIEL. — J'aurais voulu vous le faire voir. Avec un casier comme celui-là, bien authentique, et un bon faux certificat, je peux me présenter dans n'importe quelle place.

GOMEZ. — Vous savez, n'est-ce pas, ce que vous avez à faire?

GABRIEL. — Monsieur me l'a dit en gros, mais sans entrer dans les détails du prospectus, et l'ordre et la marche du cortège.

GOMEZ. — Cette femme habite rue...

DOIZEAU, l'interrompant. — Quartier de l'Europe.

GABRIEL. — Quartier de l'Europe, je ne connais que ça. Ma sœur aînée, qui fait les Folies-Bergère depuis vingt-cinq ans, reste rue d'Edimbourg.

GOMEZ. — Ce n'est pas rue d'Edimbourg, c'est rue Blanche. Du reste, monsieur Doizeau demeure dans la même maison...

GABRIEL. — Ah!

DOIZEAU, donnant un coup de coude à Gomez pour le faire taire. — On vous dira où c'est. Il est bien convenu que vous n'aurez la somme en question que lorsque vous m'aurez remis les lettres. A vous de mettre la main dessus.

GABRIEL. — Si elles y sont, vous les avez. C'est comme si elles étaient déjà dans votre poche. Ce sera du travail rapide et discret. Je n'ouvrirai même pas le paquet pour lire ce qu'il y a dedans. Moi, ce qui ne me regarde pas, ne m'intéresse pas.

Doizeau. — Ça n'a d'ailleurs pas grand intérêt.

Gabriel. — C'est votre affaire. Pour moi, elles n'en ont pas. Pour vous, je pense tout de même que vous ne me dérangez pas pour des papiers sans importance, et que je ne vais pas démolir des armoires, abîmer des personnes et mettre un appartement en désordre pour vous rapporter des images d'Epinal.

Gomez. — Je vois, d'après ce que vous dites, que vous avez compris. Mais il faut que tout soit exécuté doucement.

Gabriel. — Soyez tranquille. Les voisins ne seront point incommodés.

Gomez. — Pour sortir de la maison, on vous indiquera. Le difficile sera d'y entrer.

Gabriel. — Ne vous bilez pas, monsieur. Je connais le boniment à servir au concierge. Je me vois déjà dans l'escalier, devant la porte. Et, vous savez, je m'y connais en serrurerie.

Gomez. — Comment? en serrurerie?... (A Doizeau.) Mais vous ne lui avez donc pas dit?... (A Gabriel.) Il y a erreur. Il n'a jamais été question de forcer la porte. Voilà qui serait dangereux! Vous n'avez pas assez de chances de la trouver seule. Ah! non, ce n'est pas ça du tout. Notre programme à nous, c'est que vous fassiez la connaissance de cette femme.

Gabriel, effaré. — Qui ça, moi?

Gomez. — Oui, vous, bien sûr!

Gabriel. — Comment voulez-vous?

Gomez. — On trouvera le moyen de vous mettre en rapport. Il faudra tâcher de... Il faudra la lever, quoi! obtenir d'elle un rendez-vous. Enfin... vous êtes joli garçon...

Gabriel, reculant sa chaise. — Oh! non, non! Vous êtes poli! Mais je ne dégotte pas bien.

Gomez. — Avec des vêtements convenables... Vous êtes bien taillé.

Gabriel. — Je porte mal la toilette.

Gomez. — Ne dites pas ça...

Gabriel, de plus en plus démonté. — Oh! monsieur! Non, non... Non, monsieur, je vous demande pardon, mais ça, n'est-ce pas, ça n'est plus du tout le travail que j'ai l'habitude... Je ne suis pas un parleur, moi. Je vois bien une femme par-ci par-là, quand il faut; mais il n'est pas question de leur causer. Ce serait encore une môme comme on en voit ici! Mais une femme en appartement!... Ah! mon pauvre Gabriel, veux-tu te cacher! Messieurs, je vous demande pardon de vous avoir fait perdre votre temps. Mais, voyez-vous, faut plutôt vous adresser ailleurs.

Gomez. — Nous n'avons pourtant que ce moyen-là.

Gabriel. — Je ne dis pas le contraire, messieurs. Notez que c'est moi qui suis un sot, et que, vraiment, en vous adressant à moi, vous ne pouviez pas me croire si bête et si timide. Que voulez-vous? un genre est un genre. Moi je n'ai jamais vu de femmes que pour la chose. Je ne sais pas ce que c'est que de les fréquenter. Ça a son bon côté: je travaille plus tranquille, je ne cause pas de mes affaires, et il n'y a pas autour de moi de bavarde pour me faire chauffer...

Gomez. — Oh! c'est assommant!

Gabriel. — Je vous fais mille excuses pour le temps perdu.

Gomez. — Allez! allez! c'est bien.

Gabriel. — Je tiens à le dire. (Un temps.) Messieurs, je vais vous laisser.

Gomez. — Bonjour, mon garçon.

Gabriel. — Une autre fois, que vous aurez du travail plus dans ma spécialité, je vous prie de vous souvenir de moi. Je ne suis pas trop à mon aise.

Gomez. — Si vous croyez que je fais ce métier-là tous les jours!

Gabriel. — Enfin, ça peut se trouver... Monsieur Doizeau, salut! Lundi, sans faute, vous aurez vos cigarettes... Messieurs.

Il sort.

Gomez, à Doizeau. — Qui aurait dit ça, tout de même? Ce gaillard qui a peur des femmes!

Doizeau. — Il est trop bien élevé... J'aurais dû me douter qu'il ne ferait pas l'affaire.

Gomez. — Mais oui. Moi j'ai eu cette impression au premier coup d'œil.

Doizeau. — En ce cas, monsieur Gomez, il était peut-être inutile de lui en raconter si long.

Gomez. — Je n'en ai pas tant dit...

Doizeau. — On en dit toujours trop. On en dit toujours plus qu'on ne croit...

Gomez. — Dame! moi, je n'ai pas l'habitude. Oh! midi et demi! Il faut que je me sauve! Ah! Bon Dieu de bon Dieu!... quand le patron va savoir!...

Il se lève.

Doizeau. — Il y aurait peut-être un moyen. (A Tabac.) Monsieur Vinet?

Tabac. — Monsieur Doizeau?

Doizeau. — Vous avez bien cinq minutes?

Tabac. — Oh! si c'est pour vous être utile...

Doizeau, voyant rentrer la Tanche, Agathe, le Nantais et Fernand. — Faites donc quelques pas avec nous.

Ils sortent avec Tabac. Les joueurs du fond entrent au billard.

Le Nantais. — T'as vu c'te vache qui nous gagne trois poules sur trois!

Agathe. — Ce qu'il est verni, ce poisson-là!

Le Nantais. — Y a pas, c'est tout de même vrai ce qu'on dit, que la maison de Fresnes porte la veine. Eh! rends-moi mes vingt-cinq sous, je te les redevrai. T'as bien touché du pèze en sortant de ton établissement?

La Tanche. — Oui, j'avais une petite masse, pas grand'chose, tu sais.

Le Nantais. — T'es tout de même plus riche que moi. Quiens! Mes mains ont pied dans mes poches.

Fernand. — T'as vu, eh! pendant qu'on jouait, le petit amateur qui se calait les joues?

Le Nantais. — Ah! oui, le petit nouveau.

Agathe. — Qu'est-ce qu'il s'est envoyé! C'est pas possible, il n'avait rien pris depuis huit jours!

La Tanche. — Ça me dégoûte, moi, de voir bouffer comme ça!

Agathe. — Et, tout en bouffant, ce qu'il nous zyeutait par en dessous!

Fernand. — On aurait dit qu'il cherchait à lier connaissance, à engager la conversation.

Le Nantais. — Des fois que ce serait une mouche.

Fernand, avec véhémence. — Ah! ben! si je savais un coup pareil!

Le Nantais. — Qu'est-ce que tu ferais?

Fernand, plus doucement. — Je ne foutrais plus les pieds ici. (A la Tanche.) Dis donc, La Tanche, en attendant, payes-tu quelque chose?

La Tanche. — Non. Je voudrais tout de même aller dire bonjour à mon vieux père. Je ne l'ai encore pas vu depuis ma sortie.

Le Nantais. — Puisqu'il ne veut plus te connaître, ton dab, puisqu'il t'a renié!

La Tanche. — Ça n'empêche pas. J'ai l'habitude! Toutes fois qu'on me boucle, il me maudit; toutes fois qu'on me déboucle, il me démaudit.

LE NANTAIS. — Ah! il t'a bien élevé!

LA TANCHE. — Oh! je ne peux pas dire. Mais il m'a tellement emmiellé en m'élevant que j'ai mal tourné rien que pour me désemmieller. Parole!

FERNAND. — Alors, si c'est tout ce qu'on boit!...

LA TANCHE. — Venez avec moi chez papa. Il nous fera de la morale, mais il nous foutra de son vieux cassis.

    Rentrent Tabac et Doizeau.

TABAC. — Vous v'là partis, les enfants?

FERNAND. — Oui, y a des clients chez vous qu'on aimerait mieux voir à la porte.

LE NANTAIS. — Et même que si vous désirez conserver notre clientèle, on vous priera bien poliment de veiller à ce que la société soye moins mélangée.

AGATHE. — Sans quoi on se verrait dans l'obligation de changer de café.

TABAC. — Ah! bon! C'est une blague!

LA TANCHE. — Une blague? Tenez, on va de ce pas prendre pension chez Maxim.

    Il sort avec le Nantais et Agathe.

DOIZEAU. — C'est peut-être la présence de M. Gomez qui les a fait loucher.

TABAC. — Oh! ne faites donc pas attention. (A Arsène.) Est-ce que le jeune homme, là, a fini de déjeuner?

ARSÈNE. — Fini. Ah! pour sûr! Il n'a rien laissé.

TABAC. — Dis-lui qu'il vienne me causer. (Arsène sort. A Doizeau.) Vous savez, je ne vous garantis rien. C'est pas un homme ordinaire. Il a de l'éducation et de la délicatesse. S'agit de savoir le prendre et il faut que ça lui dise. (Lui montrant Claude qui entre.) Tenez, le voilà.

CLAUDE. — Ah! à présent, me voilà calé. Merci, oncle Tabac!

TABAC. — Une petite minute.

    Claude remonte au fond.

DOIZEAU, considérant Claude. — C'est un gars d'attaque?

TABAC. — Lui!... Savez-vous ce que c'est que ce gaillard-là?

DOIZEAU. — Non, je ne l'ai jamais aperçu ici.

TABAC, après une courte hésitation. — Il est pourtant connu dans le quartier des Epinettes... C'est celui qu'on appelle le Costaud... le Costaud des Epinettes. Ah! il en a vu, le bougre, et il pourrait vous en dire!... Je vais lui toucher deux mots. (Doizeau va ranger ses papiers au fond. Tabac, à Claude.) Alors? Ça va mieux?

CLAUDE, avec effusion. — Merci, oncle Tabac! Et, vous savez, pas un merci à la flan, un merci du cœur. J'ai toujours eu cette impression que vous étiez un brave homme.

TABAC. — C'est bon, c'est bon!

CLAUDE. — Oh! je ne dis pas ça en l'air. J'ai ma petite expérience. Je m'y connais en créanciers. Il n'y en a pas beaucoup qui m'auraient accueilli comme vous avez fait. Mais, soyez tranquille, ça, c'est des petites attentions qu'on n'oublie pas... Est-ce curieux! Comme il suffit de peu de chose! Je ne me sens plus du tout le même que tout à l'heure, quand j'avais l'estomac vide. Tout à l'heure, j'étais prêt à tout démolir. Maintenant, je trouve la vie plus belle, plus facile, plus moelleuse, (Lui mettant la main sur l'épaule.) les hommes meilleurs. Je suis sûr que je ne ferais pas de mal à une mouche.

TABAC. — Hé là! hé là! Vous n'allez pas vous laisser aller comme ça!... Ce n'est pas le moment, mon garçon! Faut du nerf, au contraire, il en faut plus que jamais!

CLAUDE. — Pourquoi me dites-vous ça?

TABAC. — Parce que... parce qu'il y a du nouveau... J'aurais une affaire à vous proposer.

CLAUDE. — Vrai?

TABAC. — Seulement, vous me faites peur: voilà que vous vous mettez à faire du sentiment! Des feignants et des rêveurs, nous n'en manquons pas ici. Je cherche un homme pratique, un costaud. Si vous redevenez une petite fille, on s'adressera autre part. Et je me dirai que j'ai bien mal placé ma confiance.

CLAUDE. — Vous avez raison, c'est bête. Je me suis laissé attendrir... C'est l'effet de la nourriture. Et, demain, quand j'aurai faim de nouveau, je recommencerai à trouver la vie mauvaise. Elle est mauvaise, c'est entendu. En ce moment, elle me berce, elle m'endort, mais je ne me laisse pas prendre... Là, ça y est. Je suis réveillé, vous pouvez causer.

TABAC. — Voilà... Seulement, faudrait pas craindre, au besoin, de vous salir un peu les doigts.

CLAUDE. — Allez, allez, pas tant de façons, je vous dis que je suis prêt. Et je me doute bien qu'en fait de travail, ce qu'on peut trouver ici, ce n'est pas une place d'agent de change ou d'inspecteur de l'enregistrement!

TABAC. — Enfin, il s'agit d'un coup.

CLAUDE. — D'un mauvais?

TABAC. — D'un coup qui vous rapportera dix mille balles.

CLAUDE. — Dix mille!

TABAC. — J'ai dit que vous ne marcheriez pas à moins. Attendez, il y a mon petit intérêt... Mais je tâcherai de me le faire payer par eux autres. Je ne vous demanderai, à vous, que de rentrer dans ma dette, comme ça se doit.

CLAUDE. — Dix mille francs! Je ne peux pas y croire!

TABAC. — Oui, mais l'affaire va-t-elle vous convenir?

CLAUDE. — Le prix me convient tout à fait.

TABAC, montrant Doizeau. — En ce cas, voilà monsieur qui va vous expliquer. (Il se retourne vers Doizeau et lui fait: « oui » de la tête. Plus bas.) Mais, dites, tâchez d'avoir pas l'air trop nouveau dans le métier. (A Doizeau, qui s'approche.) Vous pouvez vous fier à cet homme-là. C'est moi qui vous le dis.

    Il remonte. Les derniers consommateurs sortent pendant
    la fin de la scène.

DOIZEAU, à Claude. — Voyons, mon garçon, je suis un peu pressé, il est tard, j'irai droit au but. Du reste, il paraît que vous êtes un costaud et que vous pourriez m'en raconter jusqu'à demain.

    Il s'assied à gauche.

CLAUDE. — Je n'aime pas à me vanter.

DOIZEAU. — Vous avez raison. Gardez vos petites affaires pour vous. L'important n'est pas de parler, mais d'agir, et, sous ce rapport-là, vous avez fait vos preuves, hein? Ce n'est pas à vous qu'une femme ferait peur?

CLAUDE. — Je n'ai peur de rien. Mais, pourquoi me dites-vous ça?

    Il s'assied.

DOIZEAU. — Parce que la personne avec qui il faut... que vous entriez en rapports...

CLAUDE. — Ah! c'est... C'est une femme?

DOIZEAU. — Oui... Non... C'est une grue!... Une sale grue!... Ah! vous n'aurez pas de peine à faire sa connaissance. Du reste, j'ai un moyen. Elle joue en ce moment dans un petit théâtre, dans cette comédie... comment donc déjà?... *Les jeux sont faits.*

CLAUDE. — Je n'ai pas vu.

DOIZEAU. — Moi non plus. Ça n'a pas d'importance. C'est après-demain la centième représentation de cette pièce. Il y aura une petite fête. On doit me procurer deux invitations.

CLAUDE. — Pour qui?

DOIZEAU. — Pour nous deux.

CLAUDE. — Vous vous mettez bien.

DOIZEAU. — J'ai des connaissances un peu partout.

CLAUDE. — Un souper de centième! Eh bien, si je m'attendais...

DOIZEAU. — Vous voyez que jusqu'ici ce n'est pas très pénible. Ça commence comme une partie de plaisir.

CLAUDE, gravement. — J'allais dire le mot.

DOIZEAU. — Une fois la connaissance faite, le reste, pour un homme comme vous, ne sera plus qu'un jeu d'enfant... Hein?

CLAUDE, nerveux. — Oui, oui.

DOIZEAU. — Si vous savez vous y prendre, ce sera vite expédié.

CLAUDE. — C'est bon! c'est bon!

DOIZEAU. — L'important est que vous mettiez la main sur un paquet de lettres... Mais nous reparlerons de tout ça. Pour le moment, je vais commencer par vous acheter des vêtements convenables.

CLAUDE. — Décidément, vous me comblez.

DOIZEAU. — Il y a dans le quartier un nouveau magasin de confections pour hommes. Après mon déjeuner, je viendrai vous prendre et nous vous choisirons un complet veston. Ils ont des modèles très élégants.

CLAUDE. — Il y a déjà quelque temps que je ne fais plus attention aux détails de mon costume. Pourtant, il me semble qu'un veston pour aller à une fête de centième...

DOIZEAU. — Nous vous louerons un habit noir. J'en louerai même un pour moi, parce que le mien date de mon mariage. (Regardant sa montre.) Oh! bon sang! Ce que je vais être empoigné par ma femme! A tout à l'heure, attendez-moi ici. Bon sang de bon sang!

Il va prendre son manteau et son chapeau au fond. Claude reste un moment pensif, puis il se met à marcher en sifflotant d'un air absorbé. Tabac s'approche de lui et lui tape sur l'épaule. Claude tressaille.

TABAC. — Eh bien? Vous êtes servi?

CLAUDE. — Je suis très content.

TABAC. — Il est bien agréable, cet homme-là, pas vrai? Et rond en affaires!

CLAUDE. — Très rond. (Il sifflote.)

TABAC. — A quoi pensez-vous?

CLAUDE, un peu fébrile. — A rien, je suis très content.

TABAC, incrédule. — Ah!

CLAUDE. — Très calme, très heureux d'être fixé, d'être casé!... Tout à l'heure, je ne savais pas ce que j'allais devenir... A présent, je le sais. Voilà... c'est... c'est autre chose, évidemment... c'est une nouvelle vie qui commence. Et, au moins, ça y est, il n'y a plus à y revenir. Je vais faire un mauvais coup, eh bien! je vais faire un mauvais coup!

TABAC. — Chut donc!... On dirait que vous tremblez un peu.

CLAUDE. — Moi? Pas du tout. Je n'y pense pas. Je vais faire ça sans y penser, comme ça... Je suis content, je suis très content! (Il se remet à siffloter.)

DOIZEAU. — A tout à l'heure. Voilà vingt-cinq ans que je ne suis rentré déjeuner aussi tard! (Il sort.)

RIDEAU

Doizeau : « Voici le jeune homme en question! »

Valtier.   Sauvalin.   Claude.   Doizeau.

Claude : « *Alors... c'est pour ce soir ?* »

ACTE II

Une salle de fêtes dans un grand hôtel de Paris. Portes à droite et à gauche donnant sur d'autres salons très éclairés. Une des portes de droite conduit au buffet. Au fond, très large baie s'ouvrant sur une sorte de hall, auquel on accède par quelques marches. A gauche, devant l'escalier, en retrait, le vestiaire. Il est un peu plus de minuit. Les invités à la fête de centième commencent à arriver. Chagnard, le directeur du théâtre, les reçoit au bas des marches. Le gérant donne ses derniers ordres à deux maîtres d'hôtel. Pendant toute la première partie de l'acte, le fond de la scène est presque constamment occupé par les nouveaux arrivants, qui descendent l'escalier et se répandent dans les salons, après s'être débarrassés au vestiaire. Le chasseur va et vient, apportant des lettres, tantôt à Chagnard, tantôt à Sauvalin, l'auteur de la pièce fêtée. En scène, au lever du rideau, Chagnard, Julia Varin, Jeanne Dargens, le gérant, deux maîtres d'hôtel.

JULIA VARIN. -- Bonsoir, patron.

CHAGNARD. — Bonsoir, mes petites. C'est gentil d'arriver de bonne heure.

JEANNE DARGENS. — Oh! il est chic, cet hôtel, avec tous ces salons éclairés, il y a du coup d'œil.

JULIA VARIN. -- Est-ce qu'on va danser tout à l'heure ?

CHAGNARD. - Je crois bien.

JEANNE DARGENS. -- Oh! monsieur Chagnard, je voudrais vous demander quelque chose.

CHAGNARD. --- Quoi donc?

JEANNE DARGENS. — Vous pensez à moi?

CHAGNARD. — Jour et nuit. Pourquoi?

JEANNE DARGENS. — Pour un rôle. Quand est-ce que vous me ferez jouer dans votre théâtre?

CHAGNARD. --- Mais bientôt. Ça se trouvera.

JEANNE DARGENS. — Oui, mais un rôle, un vrai. On ne me donne jamais rien à dire, à peine quelques mots comme ça, au commencement d'un acte, pendant qu'on s'assied dans la salle, et puis, bonsoir, on ne me revoit plus.

CHAGNARD. — On va mettre ordre à ça.

JEANNE DARGENS. — Merci, patron. (A Julia Varin.) Tu viens?

JULIA VARIN, à Chagnard. — C'est comme moi, la dernière fois, il n'y avait pas trois lignes d'écrites sur mon petit papier. Mon ami n'a jamais voulu que j'accepte. Il m'a dit : « Tu n'as même pas un effet; tu sortiras de scène, tu n'auras pas eu un effet. »

Elles sortent à gauche.

CHAGNARD. — Elles sont gentilles !

UN INVITÉ. — Vous ne me reconnaissez pas, monsieur le directeur ?... Boissonnet, vous savez ? Vous m'avez déjà refusé trois pièces...

CHAGNARD. — Parfaitement ! Toujours à votre service...

Il lui serre la main et passe.

VALENTINE GAY, qui entre. — Bonsoir, patron. Je n'aperçois pas Sauvalin.

CHAGNARD. — Là, à côté, ma petite Valentine.

Valentine Gay entre à gauche.

LE GÉRANT, s'approchant de Chagnard. — Monsieur le directeur, vers quelle heure pensez-vous qu'on servira le souper ?

CHAGNARD. — Oh ! il ne faut pas compter avant une heure et demie. Nous aurons naturellement beaucoup de dames artistes invitées. Elles finissent de jouer dans leurs différents théâtres à minuit. Il faut qu'elles se déshabillent, se démaquillent, puis qu'elles se rhabillent et se remaquillent.

LE GÉRANT. — Je vous remercie bien, monsieur le directeur, pour les places que vous m'avez données hier. Ma femme et ma belle-sœur ont passé une soirée épatante. Il paraît que la pièce est tout ce qu'il y a de bien. D'ailleurs, pour qu'une pièce arrive à cent représentations, cette saison, il faut qu'elle ait du mérite. Je ne connais pas les recettes des théâtres, mais, d'après ce qu'on a travaillé ici, je me rends compte que c'est partout la même chose et que ça a été dur.

CHAGNARD. — Nous, vous voyez, nous n'avons pas eu à nous plaindre.

LE GÉRANT. — Il faut bien qu'il y en ait qui réussissent... Est-ce que c'est l'auteur de la pièce qui met le nom des invités sur les tables, là-bas ?

CHAGNARD. — Oui, c'est lui.

LE GÉRANT. — C'est ce petit jeune homme qui a écrit cette jolie pièce-là ?

CHAGNARD. — Ce petit jeune homme n'a pas loin de quarante-six ans.

LE GÉRANT. — Voyez-vous !

Il s'éloigne. Entre Sauvalin.

SAUVALIN. — Eh bien, dites donc, qu'est-ce qu'ils ont ? Ils n'arrivent pas.

CHAGNARD. — Soyez tranquille, ils arriveront. Il y a un souper d'annoncé : il n'y a pas d'exemple qu'on ait soupé devant les banquettes... Je souhaite seulement qu'il y ait autant de monde demain soir au théâtre.

SAUVALIN. — Eh bien, ce soir, dites donc, il y avait une belle salle.

CHAGNARD. — Oui, pas mal de clients à l'œil. Savez-vous ce que nous faisons ?

Il lui met sous les yeux un petit bout de papier.

SAUVALIN. — Ce n'est pas bezef.

CHAGNARD. — C'est mieux encore que ce que j'attendais.

SAUVALIN. — La fête va avoir beaucoup de publicité. Ça redonnera de l'élan à la pièce.

CHAGNARD. — Comptez-y et commandez-vous là-dessus une auto et un aéroplane !

SAUVALIN. — Mais alors pourquoi avez-vous donné cette fête ?

CHAGNARD. — Ah ! je me le demande... Si je l'ai fait, c'est bien pour vous, et pour que vous ne m'accusiez pas de rien négliger. Savez-vous ce que ça va nous coûter à chacun cette petite blague-là ?

SAUVALIN. — Nous coûter à chacun ?

CHAGNARD. — Vous avez l'air étonné. Vous ne comptiez pas contribuer ?...

SAUVALIN. — Si, si... Seulement vous ne m'en aviez pas parlé... Mais je ne fais aucune objection.

CHAGNARD. — Ça nous coûtera à chacun cent louis. Et encore parce que j'ai des conditions spéciales de la maison ici, à qui je fais de la publicité sur le programme et dans les couloirs du théâtre.

SAUVALIN. — Cent louis, ce n'est pas donné.

CHAGNARD. — C'est ça. Récriminez.

SAUVALIN. — Y pensez-vous ? Est-ce que je dis quelque chose ? Seulement n'en parlez pas à ma femme.

CHAGNARD. — Mme Sauvalin est ici ?

SAUVALIN. — Oui, elle a tenu absolument à venir.

CHAGNARD, souriant. — Et la petite, qu'est-ce qu'elle va dire ?

SAUVALIN. — Je l'ai prévenue ce soir au théâtre. Je lui ai dit de bien se tenir et de faire attention.

CHAGNARD. — Polisson que tu es ! Tu m'as encore demandé deux invitations pour deux femmes hier. C'est toi qui devrais payer toute la fête. Il n'y a que des femmes à toi ici.

SAUVALIN, après un coup d'œil au fond. — S'il n'y avait que des femmes à moi ! Mais il n'y a que des auteurs à vous. Voilà Chémard et Doullens. Ah ! je suis tranquille...

CHAGNARD. — Oui, ils sont en train de nous servir en tranches.

SAUVALIN. — Apprêtons-nous à recevoir leurs félicitations. On devrait avoir des cottes de mailles pour ces cérémonies-là.

Entrent Chémard et Doullens. Chémard porte un lorgnon. Il parle la tête baissée et du nez. Il s'approche de Sauvalin. Doullens serre la main de Chagnard.

CHÉMARD, à Sauvalin. — Mon vieux, je te présente un homme crevé. J'ai une grippe à ne pas mettre le nez dehors. Mais rien au monde n'aurait pu m'empêcher de venir te serrer la main. Tu sais, moi, je ne fais pas d'histoires, mais tu connais mes sentiments. Et ce sont d'ailleurs les sentiments de tout le monde. (*Au directeur, en lui serrant la main.*) C'est vrai, vous avez une bonne presse.

DOULLENS. — Moi, je fais amende honorable. Le jour de la générale, je t'ai dit : « Je trouve ta pièce exquise. C'est du Marivaux. » Mais j'avais peur que ça soit trop fin pour le public. Je me trompais.

CHAGNARD, à demi-voix. — Ça n'était pas si fin que ça.

DOULLENS. — Qu'est-ce que vous dites ?

CHAGNARD. — Rien. Nous sommes du même avis. Mais, je vois qu'on arrive. (*A Sauvalin.*) Notre place est dans le petit salon d'entrée. Je ne voudrais rater personne de tous ces chers amis. (*A Chémard et Doullens.*) A tout à l'heure. On soupera dans les environs.

CHÉMARD. — C'est ça.

Sortent Chagnard et Sauvalin.

DOULLENS. — Je leur ai bien dit ma façon de penser. Si j'avais cru que cette petite choserie-là irait à la centième !

CHÉMARD. — A la centième ! Enfant !

DOULLENS. — Ils n'ont pas fait cent ?

CHÉMARD. — Ils en sont à soixante-seize. Ma sœur et ma mère ont une colonne Morris en face de chez elles : elles regardaient tous les jours le chiffre de la représentation. Moi, je ne m'occupe jamais de ça. Le samedi de Pâques, quarante-deuxième. Deux jours de fête, matinées : l'affiche ne porte pas de

chiffre. Le mardi, cinquante-septième. On avait joué
la pièce quatorze fois en deux jours!

DOULLENS. — Je ne savais pas ça. Et puis, comme
j'ai une pièce qui doit passer dans la maison, le
temps me semblait très long.

CHÉMARD. — Ah! oui, ta pièce! Je l'attends avec
impatience. Je suis convaincu que ce sera très bien,
et un vrai succès alors. Parce que tu sais qu'ils ont
fait des recettes misérables, sauf les premiers jours
jours où Sauvalin a acheté la moitié de la salle. On
distribuait des faveurs comme des prospectus de res-
taurant à vingt-trois sous.

DOULLENS. — Moi, j'ai demandé une loge l'autre
jour. Je l'ai reçue immédiatement, avec un mot charmant.

CHÉMARD. — On ne donnait de fauteuils que par
rangées... Tâche de souper avec moi.

DOULLENS. — Tu restes jusqu'à la fin?

CHÉMARD. — Jusqu'à la lie...

DOULLENS. — Je vais voir si Adèle n'est pas
arrivée de la Scala.

CHÉMARD. — Tu l'as quittée à neuf heures...

DOULLENS. — Oui, mais, si elle est arrivée et que
je n'aie pas l'air de la chercher, ça n'en finira plus.

Il sort. Entre d'un autre côté Clorinde Bron.

CHÉMARD. — Bonsoir, ma petite Clorinde.

CLORINDE. — Bonsoir... Je n'ai pas voulu vous
aborder parce que vous étiez là avec Doullens. Sa
bonne amie est arrivée, alors il n'a le droit de parler
à personne. Je ne veux pas lui attirer de désagré-
ments. Je n'ose pas lui demander un rôle dans sa
pièce.

CHÉMARD. — Sa pièce! Mais elle ne passera
jamais. Il paraît que c'est quelque chose d'incroyable.
C'est écrit par un enfant de huit ans, déjà gâteux.
Et pourtant, dans cet ordre d'idées, on pouvait s'attendre à tout de la part de Doullens.

CLORINDE. — Et, à part ça, vous vous amusez à
cette petite fête?

CHÉMARD. — C'est-à-dire que je suis fou de joie.
il va falloir m'attacher! (*Sauvalin et sa femme paraissent
sur l'escalier.*) Dites donc, voilà Sauvalin, le héros de
la fête, qui revient de ce côté. Je l'ai déjà compli
menté une fois. Je demande à me reposer un peu.

CLORINDE. — Il est avec sa mère?

CHÉMARD. — C'est sa femme.

CLORINDE. — Ne me charriez pas!

CHÉMARD. — Et le plus drôle, c'est qu'elle est à
peine plus âgée que lui. Mais elle a toujours été très
âgée. C'est une grande consolation. Comme ça, elle
ne vieillira pas... Et, vous savez, elle ne le laisse pas
tranquille. Cette grande bourrique-là, « faut pas
y en promettre ». C'est un amateur redoutable. Sauvalin se dépense beaucoup à droite et à gauche, —
surtout à gauche. C'est un homme très occupé. Il
n'a que peu de temps à consacrer à ses pièces. D'ailleurs ça n'en vaut que mieux.

Ils sortent doucement.

SAUVALIN. — Non, écoute, mon petit, ne fais pas
cette tête-là. Tu me gâtes tout mon plaisir. Tu as
absolument voulu venir ici... Je t'avais dit: « Tu ne
t'amuseras pas. »

Mme SAUVALIN. — Enfin, c'est bien naturel que
je sois à tes côtés au moment de ton triomphe, moi,
la compagne de ta vie.

SAUVALIN. — Oui, mais tu fais une tête abomi-
nable. Je t'assure que tu n'as rien de triomphal...
Pourquoi fais-tu la tête?

Mme SAUVALIN. — Tes amis ne me parlent pas.

Ils sont venus me dire bonjour, accomplir rapide-
ment leur devoir de politesse. Et ils ont toujours
l'air pressé quand ils s'adressent à moi... Quant à
toi, on ne te voit pas, bien entendu.

SAUVALIN. — Moi, je me dois à mes invités. Nom
de Dieu, ça n'arrive pas si souvent qu'on ait une
centième!

Mme SAUVALIN. — Et puis, il y a des petites
femmes ici.

SAUVALIN. — Des artistes. Pour moi, les actrices
ne sont pas des femmes, ce sont des collaboratrices.

Mme SAUVALIN. — Avec qui vais-je souper?

SAUVALIN. — Eh bien, à la table d'honneur.

Mme SAUVALIN. — Tu seras à côté de moi?

SAUVALIN. — Ah! non... Ce n'est pas possible.

Mme SAUVALIN. — A côté de qui serai-je?

SAUVALIN. — A ta droite, tu auras M. Gonnel, le
commanditaire de Chagnard.

Mme SAUVALIN. — Ce vieux qui est aphone!

SAUVALIN. — Mais non, il n'est pas aphone... Il
est sourd... A ta gauche, tu auras l'impresario anglais, Bart Smith. C'est lui qui a acheté la pièce
pour Londres. C'est le plus vieux directeur du
Royaume-Uni.

Mme SAUVALIN. — Ça va être gai! Tu ne seras pas
loin de moi?

SAUVALIN. — Moi, je suis à une autre table...

Mme SAUVALIN. — Comment! tu dois être à la
table d'honneur.

SAUVALIN. — C'est une autre table d'honneur. Il
en faut une par salle. Autrement, il y aurait une
salle qui semblerait sacrifiée.

Mme SAUVALIN. — Voilà ton interprète Julian.

SAUVALIN. — Bonjour, Julian.

Mme SAUVALIN. — Présente-moi.

SAUVALIN. — Julian, tu ne connais pas ma femme?

JULIAN. — Si, si, j'ai vu madame à la générale.

SAUVALIN. — A ce moment, tu ne pensais pas
qu'on irait à la centième?

JULIAN. — Moi, j'ai toujours cru à la pièce. Mais
pas avec la façon de la jouer que tu voulais nous
imposer... Si je t'avais écouté, trois représentations,
tu entends, trois... Madame, vous avez un mari très
talentueux; seulement, c'est à croire qu'il ne se rend
pas compte de ce qu'il fait. Qu'il fasse donc les pièces
et qu'il nous les laisse jouer. Ça ne lui a pas trop
mal réussi.

*Il s'éloigne. Un jeune homme en habit s'approche de
Sauvalin.*

LE JEUNE HOMME. — Bonsoir, monsieur Sauvalin.

SAUVALIN. — Bonsoir... ça va?

Mme SAUVALIN, *à mi-voix*. — Présente-moi.

SAUVALIN, *sans l'écouter*. — Eh bien, vous êtes content?

LE JEUNE HOMME. — Oh! oui, monsieur Sauvalin.

Mme SAUVALIN. — Présente-moi!

SAUVALIN. — Vous y avez toujours cru à la pièce,
vous?

LE JEUNE HOMME. — Oh! toujours!

Mme SAUVALIN, *minaudant*. — Veux-tu me présenter?

SAUVALIN. — Le souffleur... Ma femme.

LE JEUNE HOMME. — Ah! madame, je puis dire
que voilà bientôt cent jours que je souffle la pièce
de votre mari, et qu'elle me plaît chaque soir davan-
tage...

SAUVALIN, *les poussant dehors*. — Je vous laisse ensemble. Chagnard m'appelle... (Au souffleur.) Racontez-lui des histoires. Ça l'amusera.

Ils sortent au premier plan, et lui au second. Entre Doizeau. Il regarde sa montre, va au fond du théâtre.

CHÉMARD, entrant l'instant d'après. — Tiens !... mais je ne m'abuse point. Je connais cette sympathique physionomie.

DOIZEAU. — M. Chémard ?

CHÉMARD. — C'est M. Leduc !

DOIZEAU. — Doizeau,

CHÉMARD. — Je vous demande pardon. Je devrais pourtant me rappeler votre nom. La dernière fois que j'ai eu l'avantage d'avoir affaire à vous, pour cette petite avance sur mes droits d'auteur, vous m'avez assez salé.

DOIZEAU. — Oh! il y a quelques années que je ne fais plus d'affaires de ce genre.

CHÉMARD. — Tant pis, tant pis. Je vous aurais proposé de me saler encore... Vous vous amusez, cher monsieur Doizeau ?

DOIZEAU. — Eh bien, j'avais une carte d'invitation. Je suis venu ici sans le dire à ma femme, histoire de me dégourdir un peu. Croiriez-vous que je n'ai pas soupé depuis dix ans ?

CHÉMARD. — Vous devez en avoir une faim !

DOIZEAU. — Il faut toujours qu'il s'offre les gens, monsieur Chémard ?

Il jette les yeux à droite et à gauche.

CHÉMARD. — Vous cherchez quelqu'un ?

DOIZEAU. — Pas précisément. Je regarde... Je ne connais plus personne. Ce monsieur chauve, là-bas, c'est un auteur ?

CHÉMARD. — Oui, c'est mon confrère Vignal.

DOIZEAU. — C'est l'auteur de la pièce ?

CHÉMARD. — Non, il ne faut pas confondre. L'auteur de la pièce n'a pas de talent non plus, mais il n'est pas chauve.

DOIZEAU. — Moi, je ne suis plus au courant de rien... Il y a quinze ans que je ne vais presque plus au théâtre. Qu'est-ce qu'est donc devenue cette gentille actrice qui jouait à l'Odéon et qu'on appelait M¹¹ᵉ Dorin ?

CHÉMARD. — Elle est devenue « la petite Dorin ». Elle vient d'avoir une grande joie : son fils est lieutenant-colonel. (Claude paraît au fond. Il jette des regards à droite et à gauche et semble assez agité. Chémard, dévisageant Claude.) Un inconnu... Quelqu'un qui a dû se tromper : le bal du syndicat de la dentelle, c'est à l'étage au-dessus. Celui-là, au moins, a une excuse pour venir : il ne sait pas. Venez avec moi par là.

DOIZEAU, négligemment. — J'attends quelqu'un.

CHÉMARD. — Non, ne me lâchez pas. Je vais mourir.

DOIZEAU. — Il faut que j'attende quelqu'un.

CHÉMARD. — Vous êtes cruel, foncièrement cruel.

Il sort à droite.

DOIZEAU, s'approchant de Claude. — Ah! vous voilà ! Eh! mais, vous avez bonne tournure là dedans, monsieur le Costaud. On vous prendrait pour un homme du monde.

CLAUDE. — Vraiment ?

DOIZEAU. — Excusez-moi. Vous êtes entré facilement avec votre carte ? On ne vous a rien demandé ?

CLAUDE. — Rien. J'étais dans un groupe. Nous avons été reçus par un monsieur très aimable, le directeur du théâtre, sans doute. J'ai fait ce que vous m'aviez recommandé : je me suis avancé bravement, la main tendue. Il l'a serrée avec effusion

et m'a dit : « J'ai lu votre pièce, elle est très bien. » Je lui ai dit merci... Qu'est-ce que vous voulez ?

DOIZEAU. — Parbleu ! J'étais sûr que ça irait tout seul. Je vous ai vu passer tout à l'heure. J'étais avec une de mes clientes. Oui, je m'occupe un peu de prêts sur bijoux. Je crois même que je vais faire une affaire avec elle. Elle m'a montré une assez jolie bague qu'elle a l'intention de perdre ici ce soir.

CLAUDE. — Comment, de perdre ?

DOIZEAU. — C'est un truc à elle... ou à moi. Quand elle a trop besoin d'argent, elle me cède une bague que je lui prends à bon compte, et elle dit à son ami qu'elle l'a perdue. Celui-ci est trop heureux de lui en offrir une autre, que je lui fais obtenir à de bonnes conditions. Comme ça, tout le monde est content... Vous n'écoutez pas ce que je vous dis.

CLAUDE. — Je vous demande pardon. Je viens encore de voir passer une jeune femme, et je me demandais : Est-ce que c'est celle-là ?

DOIZEAU. — Je ne crois pas qu'elle soit encore arrivée.

CLAUDE. — Ah! elle n'est pas...

DOIZEAU. — Soyez tranquille, elle viendra.

CLAUDE. — Parce qu'enfin, je ne sais pas qui c'est... je ne la connais pas... vous ne m'avez même pas dit son nom...

DOIZEAU. — Irma Lurette. Vous ne connaissez pas ? Elle ne joue pas souvent, souvent, mais encore quelquefois tout de même. Vous auriez pu voir son nom en grosses lettres « Irma Lurette » sur des affiches, l'été dernier, aux Champs-Élysées. Je n'ai pas été la voir, bien qu'elle habite ma maison, mais le concierge m'a dit qu'elle ne chantait pas trop faux... Je dois vous prévenir qu'il ne faudra pas perdre de temps pour faire sa connaissance..., et le reste... car elle doit partir en tournée demain.

CLAUDE, réprimant un sursaut. — Alors c'est pour ce soir ?

DOIZEAU. — Ça vous gêne ?

CLAUDE, après une courte hésitation. — J'aime mieux ce soir. Au moins, ça sera tout de suite fini ! L'attente m'énerve !

DOIZEAU. — Quelle impatience ! On voit que vous n'en êtes pas à votre coup d'essai. Eh bien, moi, je dois vous avouer que c'est la première (d'un ton craintif.) et sans doute la dernière affaire de ce genre. Alors vous allez me dire si j'ai bien tout combiné. La femme de chambre d'Irma Lurette couche habituellement dans l'appartement. Ce soir, on s'est arrangé pour l'éloigner, au moyen d'un télégramme lui annonçant que son mari venait d'être victime d'un accident très grave...

CLAUDE. — Je vous remercie bien... Toutes ces précautions me dégoûtent un peu, mais il faut m'excuser : chacun son caractère. Le mien serait d'expédier ça le plus vite possible... (à lui-même.) afin de ne pas trop y penser.

DOIZEAU. — Sitôt fini, et si tout s'est passé sans encombre, vous me faites le signal convenu. J'habite l'étage au-dessus...

CLAUDE. — Voilà un monsieur qui veut vous parler.

UN MONSIEUR, à Doizeau. — Pardon, monsieur, vous n'êtes pas M. le directeur ?

DOIZEAU, à Claude. — Mazette! il me prend pour le directeur ! (Au monsieur, avec une grande affabilité.) Non, monsieur.

LE MONSIEUR. — Je vous demande bien pardon. (A part.) On m'avait dit un petit vieux qui dégotte

mal. (A un invité, qui passe au fond.) Pardon, monsieur...
Il s'éloigne.

DOIZEAU. — Vous me faites donc le signal convenu; mais, si c'est malsain de descendre, pas de signal, hein? C'est compris?

CLAUDE, impatienté. — Mais oui, mais oui.

DOIZEAU. — Voilà le porte-cigares en question. (Claude fait un geste pour l'ouvrir.) N'ouvrez pas. (Bas.) C'est les petits objets.

CLAUDE. — Quels objets?

DOIZEAU. — Mettez toujours ça dans votre poche... Il y a un foulard, un petit flacon de chloroforme, à l'usage de la personne.

CLAUDE, sortant un couteau. — Et ça?

DOIZEAU. — Ah! dame!... On ne sait jamais... Mettez ça dans votre poche... Il y a aussi un petit levier américain, un bijou de mécanique pour ouvrir les meubles. Vous verrez, c'est tout nouveau et bien plus pratique que les outils dont vous vous servez d'habitude.

CLAUDE, voyant Valtier qui descend l'escalier. — Ah!

DOIZEAU. — Qui est-ce?

CLAUDE. — Un de mes amis, un de mes plus vieux amis.

DOIZEAU. — Compliments. Il est très chic!

CLAUDE. — Je vous demande cinq minutes. Je vous rejoins... Cinq minutes!

DOIZEAU. — Bon. Je vais voir si elle arrive. Mais ne bougez pas trop d'ici, que nous puissions nous retrouver.
Il sort à droite.

CLAUDE. — Valtier!

VALTIER, à Claude. — Non!... Non! Ce n'est pas toi?

CLAUDE. — Je crois bien que si.

VALTIER. — Qu'est-ce que tu viens fiche ici?

CLAUDE. — Le plus grand des hasards...

VALTIER, après lui avoir serré la main. — Ne t'épate pas de ma surprise,... n'est-ce pas? la dernière fois que je t'ai rencontré... dame!...

CLAUDE. — J'avais l'air purée, hein?

VALTIER. — Pas précisément... mais...

CLAUDE. — Qu'est-ce qu'il te faut?... Je n'en rougis pas. J'ai passé des moments pas drôles.

JULIA VARIN, qui passe, à Valtier. — Bonsoir!

VALTIER. — Bonsoir! Qu'est-ce que tu cherches?

JULIA VARIN. — Le buffet.

VALTIER, riant. — Déjà!
Elle sort.

CLAUDE, qui n'a pas quitté des yeux la jeune femme et, d'un ton qu'il s'efforce de rendre dégagé. — Comment s'appelle cette femme-là?

VALTIER. — Julia Varin... Pourquoi?

CLAUDE. — Pour rien... (Lui prenant les bras.) Vieux Valtier des familles! Je suis content de te voir... très content. Je me sentais seul, parmi tous ces gens, tu n'as pas idée...

VALTIER. — Oh! ces grandes machines-là, ça n'est jamais folâtre.

CLAUDE, très ému. — Et pas un visage sympathique. Alors, de te revoir, comme ça, ça m'a fait un plaisir!...

VALTIER. — Moi aussi, vieux, je suis content. D'autant plus qu'il y a du changement... (le considérant) hein? Tu as l'air bien de la maison?

CLAUDE. — Ça va... ça va...

VALTIER. — Tu as trouvé quelque chose de confortable, de capitonné, tu fais des affaires?
Il s'assied.

CLAUDE. — Je bricole... Mais ce que j'ai en ce moment est incertain et passager. (S'asseyant à côté de lui.) Mon vieux Valtier, tu vas me procurer un emploi!

VALTIER. — Un emploi! Mais on n'en trouve pas, surtout quand on en cherche.
Jeanne Dargens est entrée depuis un moment. En apercevant Valtier, qui lui tourne le dos, elle s'approche sur la pointe des pieds et lui met les mains sur les yeux. Claude la regarde avec inquiétude.

JEANNE DARGENS. — Qui est là?

VALTIER. — C'est toi.

JEANNE DARGENS. — Qui ça, toi?

VALTIER. — Je sais qui c'est.

JEANNE DARGENS. — Mais non, tu ne sais pas qui c'est.

VALTIER. — Si, je sais qui c'est.

JEANNE DARGENS. — Eh bien, si tu sais qui c'est, dis-le... dis-le.

CLAUDE, avec impatience. — Voyons, dis-le!

VALTIER écarte les mains de la jeune femme et la regarde à la dérobée. — C'est la petite Dargens!

JEANNE DARGENS. — Oh! comme c'est malin!
Elle sort en riant.

CLAUDE. — Tu disais?

VALTIER. — Hein?... Ah! oui. (Assombri.) Je disais que si je trouvais une place quelconque, dame, entre nous, je commencerais par la garder pour moi.

CLAUDE. — Mais, tes affaires?

VALTIER. — Oh! mauvais! mauvais!... (Un temps. L'orchestre, dans un salon voisin, vient d'attaquer une valse.) C'est égal, qu'est-ce que nous fichons ici tous les deux?

CLAUDE. — Oui, qu'est-ce que nous fichons?

VALTIER, gaiement. — Eh bien, tu vois, nous fêtons la centième de cette pièce, que tu as tant applaudie.
Il se lève.

CLAUDE. — Moi? je ne l'ai jamais vue!

VALTIER. — Ni moi non plus. Mais ça ne nous empêchera pas de souper. Et, parmi tous les clients d'ici, c'est peut-être encore nous qui fêterons le mieux l'auteur, car nous ne manquerons pas d'appétit pour ce souper à l'œil que, pour ma part, je n'aurais pas le moyen de me payer.

CLAUDE, s'emportant. — Mon vieux Valtier, je t'admire! Tu as de la chance d'avoir un si bon caractère. La vie ne te gâte pas, tu t'y débats comme un malheureux, tu reçois une beigne, et une autre, et encore une, et tu acceptes ça, le sourire sur les lèvres.

VALTIER. — Mais qu'est-ce que tu veux que je fasse? On ne choisit pas son destin.

CLAUDE. — Bien sûr que, si l'on s'y soumet les yeux fermés, on ne peut rien contre lui. Tandis que si on essayait de lui faire tête, à son destin... mais non, on s'offre à lui comme une victime résignée!

VALTIER. — Mon vieux, tu m'as l'air d'avoir changé. Jadis je t'ai connu aussi résigné que moi...

CLAUDE, se levant. — C'est que j'ai passé par des petits chemins qui n'avaient rien d'agréable, c'est que j'ai été vraiment trop cogné par la vie, et trop meurtri. A la fin, ma résignation s'est lassée, et je me suis foutu en colère. J'en ai assez de la poisse, je veux en sortir, et n'importe comment. S'il faut se révolter, se mettre carrément contre la société et tous ses principes, eh bien, je marche!... Il y a une fin à tout, nom de Dieu!

VALTIER. — Pardonne-moi, mon Claude, mais moi, je ne te vois pas dans ce rôle de révolté. Tu t'excites, tu t'excites, mais ton excitation a quelque chose de voulu. Tu me rappelles ces chevaux du régiment qui s'arrêtaient devant l'obstacle, et qu'il fallait travailler à coups de trique...

CLAUDE. — Eh bien, si je suis de ma nature un rossard et un feignant, si j'ai besoin de la trique, je me triquerai jusqu'à ce que je saute le fossé. Je sais très bien que mes instincts ne sont pas assez violents. Alors, je vais les secouer un peu, mes

j'aurais parfaitement accepté de faire un sale coup.

CLAUDE. — Quel sale coup ?

VALTIER. — Un vrai. Si l'occasion s'était présentée, j'aurais marché.

CLAUDE. — Qu'est-ce que tu aurais fait ?

VALTIER. — Ah! je ne sais pas... Comment veux-tu ?

CLAUDE, violemment. — Ah! c'est qu'il ne s'agit pas de parler en l'air. Ça ne signifie rien : un sale

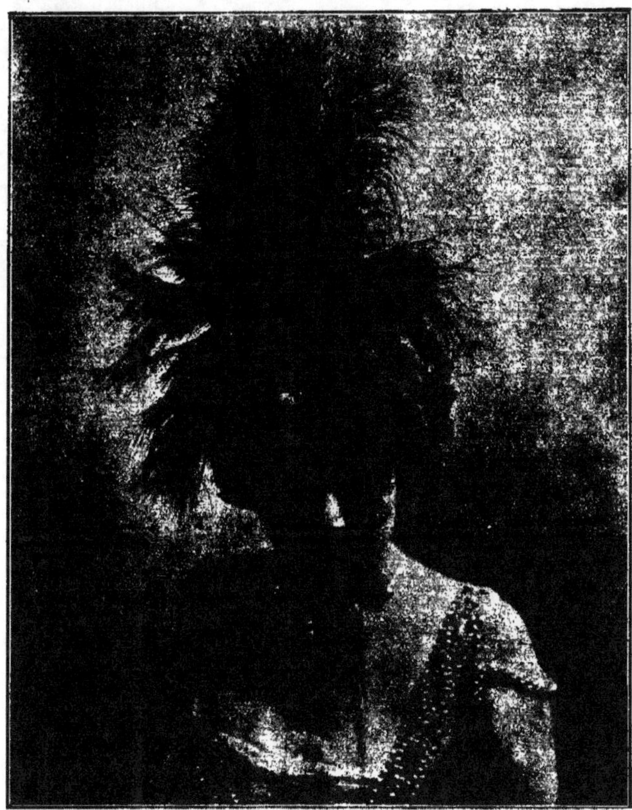

Mⁱˡᵉ Lantelme (Irma Lurette).

instincts... Et, je peux le dire ça, Valtier, puisque tu es mon ami... et puisque d'ailleurs nous n'en sommes pas là,... si je retombe dans la mouise, eh bien! j'en sortirai en sautant le fossé qui sépare les honnêtes gens des malhonnêtes gens... Enfin, tu ne me diras pas que tu ne l'as pas entrevu, toi, ce fameux fossé, aux heures difficiles ?

VALTIER. — Oh! écoute, je ne veux pas me faire meilleur que je ne suis. Je me rappelle — mais je vais peut-être te dégoûter un peu, parce que ça, alors, ça n'est plus des phrases — je me rappelle des soirs où je suis rentré chez moi si las, si écœuré, que

coup. On est parti pour faire une action malhonnête, oui, mais... les circonstances peuvent vous entraîner... encore plus loin. Il s'agirait alors d'une chose plus grave... plus violente...

VALTIER. — Quoi, plus violente ?... De tuer ? (Claude ne répond pas.) Pourquoi ne dis-tu pas le mot ? Il prétend qu'il est capable de la chose, et il a peur de prononcer le mot !

CLAUDE. — Mais non, je n'ai pas peur ! Réponds-moi.

VALTIER. — Après tout, si on se sent devenu un criminel, un fauve !... Le tout est de devenir ce fauvelà ! C'est égal, si excité que l'on soit, si prêt à supprimer un être, il me semble que si on vous montre cet être bougeant, remuant devant vous, et qu'on vous dise : « Tu vas tuer cet être-là !... » (Claude lui saisit le bras.) Qu'est-ce que tu as ?

CLAUDE, se ressaisissant. — Rien. Cette discussion me passionne...

VALTIER. — N'est-ce pas ? C'est amusant... Qu'est-ce que tu fais ce soir ?

CLAUDE, un peu égaré. — Pourquoi me dis-tu ça ?

VALTIER. — Qu'est-ce qu'il a ? Il est marteau ! Tu t'exaltes trop, mon vieux. Je te demandais si tu voulais souper à notre table avec Doullens, sa petite amie et encore deux ou trois camarades qu'on va trouver par là ?

CLAUDE. — C'est que... je l'ai dit... j'attends quelqu'un...

VALTIER. — Ah ! oui, pour ton affaire. Ce n'est pas ce vieux type qui te cherche par là ? Il marque mal. Enfin ! si c'est lui qui doit te sortir de la mouise !... A tout à l'heure... assassin !

CLAUDE tressaille, puis se forçant à rire. — Ah ! Ah ! qu'il est rigolo !

VALTIER. — Tu n'es pas dur. Je ne croyais pas avoir dit quelque chose de si rigolo !

Il va déposer ses affaires au vestiaire. Dès qu'il s'est éloigné, Doizeau s'approche vivement de Claude. Il a l'air bouleversé.

DOIZEAU. — Dites donc ! dites donc ! Il y a du nouveau !...

CLAUDE. — Ah !

DOIZEAU. — Tout est manqué, au moins pour ce soir, et, j'en ai peur, pour quelque temps.

CLAUDE, dissimulant un premier mouvement de joie. — Ah ! oui ?

DOIZEAU. — Irma Lurette ne viendra pas ! Elle est souffrante, elle s'est couchée ! Elle avait peur d'avoir la grippe. Je viens d'apprendre ça par ma cliente... Eh bien, qu'est-ce que vous en dites ?

CLAUDE. — C'est fâcheux... C'est fâcheux...

DOIZEAU. — C'est un désastre ! Elle part demain en tournée !... L'affaire tombe à l'eau ! Ah ! je suis dans un état ! dans un état ! Il faut que je tâche de voir ma cliente qui est par là et de faire affaire avec elle pour cette bague : au moins, je n'aurai pas tout à fait perdu ma soirée... Et puis, que voulez-vous ? je rentre chez moi. Vous partez aussi ?

CLAUDE. — Ma foi ! non... puisque je suis là... je crois que je vais rester souper...

DOIZEAU. — Vous pensez encore à souper, vous ?... Moi, ça m'a coupé l'appétit... Vous avez un estomac !

CLAUDE. — Je me fais une raison...

DOIZEAU. — Si je ne vous vois pas en passant tout à l'heure, à demain, chez le père Tabac.

Claude le regarde s'éloigner. Son visage s'éclaire. Il se met à rire nerveusement et s'arrête net. Il se passe la main sur les yeux comme s'il s'éveillait. Valtier, qui causait, devant l'escalier, avec Doullens et Adèle, redescend près de Claude et lui tape sur l'épaule.

VALTIER. — Eh bien ?

CLAUDE. — Eh bien, ça va très bien.

VALTIER. — Je ne te demande pas des nouvelles de ta santé... Ton affaire ?

CLAUDE, dans une explosion de gaieté. — Oh ! ratée ! tout ce qu'il y a de plus ratée !

VALTIER. — Tu prends ça très bien !

CLAUDE. — Oui, au fait, j'ai tort.

VALTIER. — Ah ! il commence à faire faim. Dis donc, tu soupes avec nous, maintenant ?

CLAUDE. — Je te crois ! Avec joie !

VALTIER, aux autres. — Arrivez ici, Doullens et Adèle. (Présentant.) Mon ami, Brévin, bon ami à moi, et un numéro, je puis le dire. Claude, tu vas nous remuer un peu. Notre groupe est mou.

ADÈLE. — Dis plutôt sinistre.

CLAUDE. — Moi, je m'amuse beaucoup.

ADÈLE. — Alors, vous allez nous donner la recette.

CLAUDE. — Elle est bien simple. Il faut se laisser aller, ne penser à rien, déposer tous les soucis qu'on peut avoir, petits ou grands, au vestiaire. On ne sera que trop sûr de les retrouver à la sortie. Il faut se persuader que cette fête est magnifique, que toutes les femmes sont délicieuses, tous les hommes charmants, que l'auteur de la pièce a du génie...

DOULLENS. — En d'autres termes, il faut être complètement saoul.

CLAUDE. — Evidemment, c'est préférable. Tenez, justement, nous sommes près du buffet. (A Adèle, en lui offrant le bras.) Rien n'est plus facile. Voulez-vous qu'on essaye de s'entamer un peu ?

DOULLENS. — Adèle, fais-moi le plaisir de rester là.

CLAUDE. — Si vous préférez autre chose... je crois qu'on danse à côté et voici de superbes créatures qui se dirigent par là. Suivons-les, entrons dans la danse !

ADÈLE. — Merci. Je danse comme un pied...

CLAUDE. — Moi aussi. Raison de plus.

ADÈLE. — C'est Ginette et Valentine Gay.

CLAUDE. — Ah ! (A Valtier.) Eh bien ? On te dit que c'est Ginette et Valentine Gay. Amène-les. Allons, mon vieux, grouille-toi un peu, rends-toi utile !

VALTIER. — Voilà ! Voilà ! (Allant chercher les deux jeunes femmes.) Bonsoir, Ginette, bonsoir, toi. (Elles serrent les mains de Doullens et d'Adèle.) Mon ami, Claude Brévin.

GINETTE. — Monsieur... (Le dévisageant.) Ce n'est pas vous qui êtes venu nous chercher l'autre soir, dans votre auto, avec Henry ?

CLAUDE. — Dans mon auto, avec Henry ?... Si, ça doit être moi !

VALENTINE. — Mais non, voyons, c'était un petit...

CLAUDE. — Oh ! vous savez, j'ai beaucoup grandi ces temps derniers. Ça va toujours ?

Il leur serre les mains chaleureusement.

VALTIER. — Ah ! je t'aime mieux comme ça !

DOULLENS, à Valentine, en regardant sa robe. — A la bonne heure ! Toi, au moins, tu n'as pas peur d'en montrer.

VALENTINE. — Mon ami m'a dit : « Surtout, pas de toilette compliquée. » Alors, j'en ai mis le moins possible.

VALTIER. — Et tu n'as pas peur de te faire manquer de respect ?

VALENTINE. — Si. j'avais un peu le trac en venant. Mais, croiriez-vous qu'on ne m'a encore rien dit ? Je ne sais pas ce qu'ils ont, ce soir.

VALTIER. — Ce n'est pas tout ça, petite troupe joyeuse. Il s'agit de trouver une table pour souper. On ne va pas tarder à s'asseoir.

DOULLENS. — Oui, mais on va nous coller des embêteurs.

CLAUDE. — Oh ! non ! pas d'embêteurs !

DOULLENS. — Autant vaudrait les choisir nous-mêmes. Voilà Julian.

Adèle. — Il est de la pièce. Il doit souper avec ses interprètes.

Doullens, à Julian. — Tu soupes avec les interprètes ?

Julian. — Je soupe avec vous. Je n'ai qu'une idée. C'est de couper à la table de Chagnard et de l'auteur.

Adèle. — Qui as-tu avec toi ? Aucune chaîne ?

Julian. — Je vais vous amener une femme pas ordinaire, je vais vous amener Irma Lurette.

Claude fait un mouvement.

Adèle. — Il faudra alors que tu ailles la chercher dans son lit. Elle est couchée, ce soir.

Julian. — Pas depuis longtemps. Je lui ai parlé y a deux minutes.

Clorinde, qui est entrée depuis un moment et s'est mêlée au groupe. — Mais oui, Lurette est là. Elle s'était couchée, mais il faut croire qu'elle s'est embêtée, toute seule, dans son lit.

Adèle. — Dame ! Elle n'a pas l'habitude !

Doullens. — Oh ! il faut souper avec la môme Lurette. (A Claude.) Vous la connaissez ? (Claude fait non de la tête.) C'est une petite volaille de choix. Jadis je n'aurais pas aimé que mon amie soupât avec elle. Maintenant, elle est au théâtre, vous comprenez, elle est au théâtre...

Adèle. — Quand tu auras fini de rosser !...

Julian. — Voici la môme Lurette annoncée.

Irma Lurette paraît au haut de l'escalier. Elle parle gaiement à des gens dans la coulisse.

Irma. — Bonsoir, seigneurs et dames !

Tous, se récriant. — Oh ! peste ! ma chère !

Julian. — A-t-elle de l'allure là-dedans !

Doullens. — Il n'y a pas à dire, elle est bien. (A Claude.) N'est-ce pas qu'elle est bien ?

Claude. — Oui ! Oui !

Irma, à Doullens, en écartant son manteau pour faire admirer sa robe. — Et toi, le grand débineur national, qu'est-ce que tu dis de ça ?

Doullens. — C'est mon opinion sincère que tu eux ?

Irma. — Oh ! non ! non ! Ça serait trop long ! Tu ne sais plus où tu la mets !

Adèle. — Laisse donc ! Il a mal au cœur de ne pas m'en avoir payé une pareille...

Doullens. — Oui, il y a de ça.

Adèle. — Eh bien ! on m'a dit que tu ne voulais pas venir ce soir ?

Irma. — Oh ! je n'étais pas à mon aise. J'avais répété pour ma tournée tous ces jours-ci : ça m'avait crevée. Je m'étais donc couchée en me disant : « Oh ! que je vais passer une bonne soirée à ne pas voir Chagnard et tous les amis ! »... Et puis voilà qu'on sonne. C'était de chez Rigal : ma robe qu'on apportait. Eugénie l'étale sur la chaise longue. Moi je lui dis : « Enlevez-la, elle me tire l'œil ; je me connais, je ne pourrais pas résister. » Elle va pour l'enlever. Alors je lui dis : « Voulez-vous laisser ça ! » Et je saute à bas du lit et je me coiffe et je m'habille, et me voilà !

Doullens. — Et ta fatigue ?

Irma. — On n'en parle plus.

Valtier. — Bravo ! Voilà une bonne médication... Tu vas te remettre tout à fait en soupant avec nous.

Irma. — Attention ! Qui ça, vous ?

Valtier. — Eh bien, nous ! On te réclame, on te veut, on l'exige. Tu présideras notre table.

Irma. — Oh ! pas si vite ! Ça dépendra...

Valtier. — De quoi ?

Irma. — Des figures que vous faites... Si vous êtes à la bonne, ça ira. Sinon... Voyons un peu vos têtes.

Elle les dévisage l'un après l'autre et fait la moue.

Adèle. — Eh bien, tu sais, si ça ne te dit pas...

Irma. — Oh ! mes enfants, je ne me suis pas levée exprès pour venir me barber.

Clorinde. — Elle est toujours la même ! T'es-tu barbée le mois dernier à la redoute de *la Femme en bois* ?

Valentine. — En voilà une fête qui était à la hauteur !

Irma. — C'était merveilleux ! J'en rêve encore. Il y avait trois défilés, hein ? quatre cortèges, combien ? un monome : c'était à pleurer de chagrin.

Adèle, languissamment. — Nous ne demandons qu'à nous amuser.

Ginette. — Nous sommes plein d'entrain !

Valentine. — Pétillants d'esprit !

Doullens, placide. — Nous inventerons mille folies.

Irma. — Oh ! toi, je te conseille de parler. On a encore soupé ensemble l'autre soir : il n'a pas desserré les dents. Et il n'a cessé de peloter Adèle. Ah ! on voit bien qu'ils sont ensemble ces deux-là ! et qu'ils ne restent jamais chez eux. Ils n'auraient pas l'idée de se peloter chez eux. Il leur faut du monde pour leur donner des idées !

Julian. — Tais-toi, je te ferai du plat.

Valtier. — Moi aussi.

Irma. — Oh ! n'en jetez plus !

Valtier. — Allons, c'est dit. Tu connais tout le monde... à part Claude, peut-être... (Présentant.) Mon ami Claude Brévin, drille... Tu sais ce que c'est qu'un drille ? De nos jours, on ne sait plus ce que c'est qu'un drille !

Irma. — Eh bien, monsieur, (elle lui serre la main.) je n'ai plus d'espoir qu'en vous. Parce qu'avec ces numéros-là... Du reste, vous savez, si je m'ennuie, je vous lâche aux hors-d'œuvres.

Valtier. — Ne nous attardons pas. Julian, va voir s'il y a une table, et installe-les.

Sortent Doullens, Adèle, Julian, Clorinde, Ginette et Valentine Gay. Doizeau passe au fond du théâtre. En apercevant Irma avec Claude, il s'éloigne et se perd dans la foule des invités. Irma a donné son manteau à Valtier qui est allé le déposer au vestiaire.

Irma, à Claude. — Vous n'allez pas avec eux, monsieur ?

Claude. — Tout à l'heure, madame.

Irma. — Moi, je ne sais pas trop. Mon vieux Valtier, ça ne m'excite pas plus que ça... Je me suis levée pour venir ici, mais si j'avais su que ce serait pour souper avec Doullens et sa petite Adèle, ah ! ce que je serais restée dans mes draps ! C'est vrai, je ne peux pas les encaisser, ces deux-là ! Ils ne se plaisent qu'à débiner le monde. Avec ça, ils mangent salement. Et moi qui n'ai déjà pas faim ! Et puis ils sont trop bêtes, et trop poseurs, et trop vadrouilles !... Mais c'est peut-être des amis à vous : je ne voudrais pas en dire du mal.

Claude. — Non, ce ne sont pas des amis...

Irma. — Oh ! et puis tant pis ! J'aime autant dire ma façon de penser sur ces Doullens qui sont toujours là, de toutes les fêtes, on ne sait pas pourquoi. Doullens n'a aucun talent, il n'est pas drôle et il n'a pas le sou. Alors ?... C'est tout de même épatant... Vous n'avez pas aperçu le patron ?

Claude. — Le patron ?

Irma. — Mon directeur. Chagnard? J'ai joué dans la pièce, moi, j' doublé trois fois Jenny Marnier ; alors je suis obligée de serrer la main au patron. Je ne suis venue que pour ça... Oh! je vous en prie, monsieur, ne faites pas de frais pour moi!

Claude. — Excusez... je...

Irma. — De rien... Seulement Valtier vous fait une réputation... J'attendais.

Claude. — Ça dépend des jours.

Irma. — Et des figures. La mienne ne vous inspire peut-être pas.

Claude. — Ne faites pas attention. Mettons... que je suis timide.

Irma. — Vous n'en avez pas l'air.

Valtier. — Il faut croire que tu l'impressionnes; tout à l'heure il était plus à son aise.

Irma. — Enfin, on ne force pas les gens. Gardez votre esprit et votre gaieté pour le souper. On en aura besoin. Oh! l'idée de souper avec Doullens!... Qui pourrait-on inviter d'autre, pour faire une compensation?... (Apercevant Albert de Rouget, qui cause, sur l'escalier avec Chagnard et Sauvalin.) Dites donc, voilà Albert de Rouget là-bas. Si on lui demandait...

Claude. — Albert de Rouget, le banquier?

Irma. — Mais oui. Vous ne le connaissez pas?

Claude. — Si. De nom.

Irma. — Mais toi, Valtier?

Valtier. — Moi, je le connais. (Riant.) mais lui, il ne me connaît pas.

Irma. — Je vais lui demander de venir à notre table. Il sera ravi. Je ne peux pas dire qu'il ait pour moi un pépin, le mot est gros, mais je ne lui déplais pas.

Elle remonte.

Valtier, à mi-voix, à Claude. — C'est ça! Au revoir, madame!

Claude. — Que dis-tu?

Valtier. — Elle va nous plaquer, c'est couru. Le baron va l'emmener.

Claude, nerveusement. — Tu crois?

Valtier. — Nous ne sommes pas de force.

Irma, appelant. — Baron!

Albert de Rouget, un garçon élégant, assez fin d'allure, s'arrête, puis il fait quelques pas vers Irma.

Albert. — Tiens, ma gentille Lurette! Comment êtes-vous?

Irma. — Très bien, comme une femme qui s'apprête à souper en votre compagnie.

Albert. — Oh! que voilà une idée excellente!

Irma. — Vous n'êtes pas engagé?

Albert. — Mais, je le suis depuis quelques secondes.

Claude et Valtier sont un peu remontés, à droite.

Irma. — Oh! que vous êtes gentil! Je me disais : le baron ne pourra pas. Vous me faites un vrai plaisir. Je ne savais pas que vous viendriez ce soir.

Albert. — Mais je ne pouvais pas faire autrement : je suis un peu de service. Tu ignores peut-être que je commandite ce théâtre triomphant, qui me convie chaque année à deux fêtes de centième, et qui m'a déjà coûté quatre-vingt mille francs. Il faut donc que je soupe ici en joyeux commanditaire.

Irma. — On vous doit bien ça. Ah! je suis contente! Je vais prévenir mes amis.

Albert, l'arrêtant. — Oh! tes amis! Quels amis?

Irma. — Des camarades qui sont par là, et ces deux garçons charmants. Je vais vous les présenter.

Albert, sans enthousiasme. — Hum!... Oui...

Irma. — Le baron de Rouget... Monsieur Valtier... Monsieur... oh! je ne me rappelle plus!

Valtier. — Brévin.

Irma. — Brévin... D'ailleurs, ça n'a aucune importance...

Albert. — Aucune, aucune... (Soudain.) Mais, où ai-je la tête? J'avais oublié que je n'étais pas libre ce soir.

Irma. — Quoi? Qu'est-ce que ça veut dire tout à coup?

Albert. — Comme commanditaire, il faut que je soupe à la table d'honneur.

Irma. — Mais tu avais commencé par accepter...

Valtier, gouailleur. — Monsieur veut choisir ses figures, c'est bien son droit...

Albert. — Evidemment, mais il ne s'agit pas...

Claude, que l'attitude de Valtier encourage. — Si notre fréquentation ne lui paraît pas assez reluisante, il ne peut pourtant pas nous le dire en face!

Albert. — Permettez...

Valtier. — C'est vrai, ces petites fêtes-là ne sont déjà pas si gaies...

Claude. — Si on était encore obligé d'être poli!...

Albert. — Monsieur, je suis venu ici ce soir pour me distraire, s'il y a moyen; aussi je n'ai pas l'intention de prolonger ce petit colloque, qui n'est pas très divertissant.

Irma. — Pour sûr! (A Claude.) Moi non plus, je ne trouve pas ça drôle! En voilà des histoires!

Albert, à Irma. — Allons, au revoir, mon petit, et excuse-moi.

Irma. — Mais non, voyons! c'est plutôt de ma faute, tout ça. Oh! je suis furieuse! Moi qui me faisais une fête de souper avec vous! Voulez-vous que je les lâche et que je vienne à votre table?

Albert, assez froid. — Mais non, mais non. Restons-en là. Ce sera pour une autre fois.

Irma. — Oh! on dirait que vous m'en voulez.

Albert. — Quelle idée!

Il remonte.

Irma, le suivant. — Si, si, je le sens.

Albert. — Mais, pas du tout, pas du tout. Allons, à bientôt!

Il sort au fond.

Irma, revenant, à Claude. — Eh bien! vous êtes content? Vous savez, si c'est pour moi que vous avez éprouvé le besoin de crâner, j'aime autant vous dire que c'est raté. Ça ne m'épate pas du tout, ces histoires-là!

Claude. — Enfin!...

Irma. — Quoi, enfin! Savez-vous ce que vous venez de faire? Vous venez de me brouiller avec le baron, tout simplement. Il est parti furieux. Il ne l'a pas trop fait voir, parce que, lui, c'est un homme bien élevé, mais il ne me le pardonnera pas. Ça peut me faire un tort énorme, cette scène ridicule!

Claude. — Naturellement! nous aurions dû nous laisser insulter par cet imbécile!

Irma. — Insulter! Mais il ne vous disait rien, cet homme-là. C'est vous qui l'avez entrepris. Et je trouve qu'il a eu bon caractère. A sa place, je vous aurais remisé un peu.

Claude. — Ah! je regrette bien qu'il ait été aussi piètre. J'aurais eu un rude plaisir à le gifler.

Valtier, à Irma, en souriant. — Ah! tu voulais avoir du milliardaire! En ce cas, il fallait commencer par nous lâcher. Nous ne sommes pas une société pour un type aussi douillard.

IRMA, énervée. — Il est libre de faire ce qui lui plaît!

VALTIER. — Oh! oui, il est libre d'être un mufle: il est assez riche pour ça!

IRMA. — Mufle, mufle, il ne l'est pas plus que bien d'autres!

CLAUDE. — C'est possible; mais les autres, ça se voit moins.

VALTIER. — Ah! laisse donc!... Laisse-le sur ses sacs d'argent. Je suis content qu'il ne soit pas venu souper. On sera entre camarades.

IRMA. — Entre camarades? Eh bien, moi, ça m'aurait fait plaisir de l'avoir avec nous. Et vous aurez beau dire, et le chiner par envie!...

CLAUDE, ricanant. — Par envie!

IRMA. — ...rien ne me dit que vous valez autant que lui, avec vos beaux sentiments. En tout cas, s'il ne vaut pas mieux que vous, il a l'avantage d'être riche.

CLAUDE. — Bravo!

VALTIER. — Irma, tais-toi, tu ne dis pas ce que tu penses.

CLAUDE, avec un air un peu étrange. — Mais si, elle dit ce qu'elle pense. Et laisse-la parler, laisse-la parler...

IRMA. — Oui, je parlerai, et je dirai que vous avez beau faire la petite bouche, vous crevez d'envie de son argent! Car les qualités d'un homme, c'est toujours une affaire d'appréciation, tandis que sa galette, c'est quelque chose de certain et de solide.

VALTIER. — Irma! Irma!

CLAUDE, violemment. — Laisse donc! laisse donc!

IRMA. — Et je vois bien ce que vous avez, tous les deux, envie de me dire: c'est que je parle comme une grue. Eh bien, si je parle comme une grue, c'est que j'en suis une! Je suis au théâtre, c'est entendu, mais tout le monde sait que je n'ai aucun talent et que je me suis mise au théâtre comme sur un étalage, pour montrer ma figure, mes robes, tout ce que je peux! Oh! non! non! non! assez de boniment! on m'en a trop fait dans la vie! Il n'y a qu'une seule chose qui ne m'ait pas menti, c'est la galette! Et, si j'ai été gourde, c'est de n'avoir pas écouté plus souvent des gens douillards, comme vous dites, ces cochons de riches, qui ne sont pas plus cochons que les autres cochons... Bonsoir!...

Elle remonte.

VALTIER, la suivant. — Où vas-tu?

IRMA. — Prendre mon vestiaire. Vous vous passerez de moi!

Valtier la suit.

CLAUDE. — Quelle grue!

Entre Doizeau qui s'approche de Claude vivement.

DOIZEAU. — Ah! non! il ne faut pas qu'elle s'en aille! Retenez-la!

CLAUDE. — C'est une femme pour gens galetteux. Jamais elle n'écoutera un pauvre bougre comme moi!

DOIZEAU. — Mais est-ce que vous avez besoin de lui dire que vous êtes un pauvre bougre? Racontez-lui n'importe quelle histoire. On ne vous demande pas de vous faire aimer pour vous-même. Il ne s'agit que de rentrer avec elle ce soir; mais il faut rentrer avec elle à tout prix!

CLAUDE. — Il est trop tard.

DOIZEAU. — Chut!

Irma, qui a pris son manteau au vestiaire, traverse la scène, suivie de Valtier.

IRMA, à Valtier. — Où est-il, le patron?

VALTIER. — Chagnard? Là, à côté. Mais ce n'est pas sérieux, ma petite Irma...

IRMA. — Je vais lui serrer la main, et je file.

VALTIER. — Voyons! Voyons!

Ils entrent à gauche.

DOIZEAU. — Allez donc, sapristi! Ah! si j'avais votre âge!... Dites-lui que vous êtes riche, très riche...

CLAUDE, fébrile. — Elle ne me croira pas. Pourquoi voulez-vous?...

DOIZEAU. — Il faut qu'elle vous croie!... Ah! tant pis!... Prenez ça!

CLAUDE. — Qu'est-ce que c'est?

DOIZEAU. — C'est la bague, vous savez bien, la bague perdue. Vous allez lui en faire cadeau.

CLAUDE. — Elle n'en voudra pas! Elle me tournera le dos. Après la façon dont elle m'a quitté tout à l'heure!

DOIZEAU. — Enfant! Mais ces femmes-là sont toutes les mêmes. Je vous garantis qu'elle la prendra.

CLAUDE. — Ah! si elle la prend!...

DOIZEAU. — La voilà. Abordez-la carrément.

CLAUDE. — Oui, je sais ce qu'il faut lui dire, je le sais! Ne restez pas là! (Doizeau s'esquive. Rentre Irma. Claude s'approche d'elle. Pendant toute la première moitié de la scène qui suit, on sent qu'il est extrêmement anxieux et troublé. Les mots sortent avec peine de sa bouche et il les dit presque à faux.) Mademoiselle...

IRMA, assez sèchement. — Bonsoir, monsieur.

CLAUDE. — Comment! Vous partez?

IRMA. — Vous voyez. J'en ai plein le dos de cette petite réjouissance.

CLAUDE. — Oh! non, voyons! vous n'allez pas nous quitter maintenant! C'est très gai, au contraire. Moi je me sens d'une gaieté folle!

IRMA. — Tant mieux pour vous.

CLAUDE. — Je vous jure, c'est maintenant qu'on va commencer à s'amuser un peu.

IRMA. — Il ne serait que temps. Je me ferai raconter ça demain.

CLAUDE. — Non, sérieusement... je ne vous laisserai pas partir.

IRMA. — Non, mais quoi? Enfin, qu'est-ce que ça peut vous faire que je soupe avec vous? Ça ne manque pas de femmes ici: il n'y a que de ça!

CLAUDE. — Mais je me fiche pas mal des autres et ça me désole de vous voir fâchée contre moi.

IRMA. — Oh! pommade...

CLAUDE. — Non, pas pommade. Je vous parle très sincèrement.

IRMA. — Mais je ne suis pas fâchée du tout! Allons, bonsoir!

CLAUDE. — Vrai! Vous ne m'en voulez pas!

IRMA. — Pas le moins du monde. Vous m'avez un peu agacée, tout à l'heure; je vous ai envoyé au bain: nous sommes quittes.

CLAUDE. — Alors, écoutez. Si la paix est faite, si vous n'avez pas la moindre rancune... il faut me le prouver...

IRMA. — Comment ça?

CLAUDE. — En me tendant un doigt.

IRMA. — Voilà toute la main.

CLAUDE. — Non, un doigt seulement.

Il lui passe la bague au doigt.

IRMA. — Quoi? Qu'est-ce que c'est? Oh!

CLAUDE. — Un petit brimborion de rien du tout.

IRMA. — Comment! Comment! Mais c'est un rubis!

CLAUDE. — Il vous plaît?

IRMA. — Il est magnifique.

CLAUDE, d'une voix un peu altérée. — Alors vous voulez bien l'accepter?

IRMA. — Oh! mais non! mais non! Vous êtes fou!

CLAUDE. — Vous refusez?

IRMA. — Naturellement que je refuse.

CLAUDE. — Ah!

IRMA. — Quoi! Vous n'allez pas faire la tête pour ça! Quel numéro! C'est vrai, je vous connais à peine depuis un quart d'heure, et vous avez des façons avec moi, et vous me dites des choses! (Examinant la bague.) Il y en a de gentilles dans le tas; mais ça ne fait rien, vous n'avez pas peur. Ah! vos amis avaient raison, vous me faites l'effet d'un type pas ordinaire! Alors vous vous promenez le soir avec des bijoux dans vos poches, pour en faire cadeau à n'importe qui?

CLAUDE. — Mais non, pas à n'importe qui.

IRMA. — Non, mais dites donc tout de suite que vous n'êtes venu ici que pour moi.

CLAUDE. — Je vous le dirais bien, mais vous ne le croiriez pas.

IRMA. — Les hommes sont inouïs! Ils ont beau ne vous avoir jamais vue, ils vous servent le même boniment. Ils se disent que ça prendra toujours; et le plus fort... c'est que ça prend... (Regardant la bague.) Tout de même vous seriez rudement chocolat si je la gardais!

CLAUDE. — Non... oh! non...

IRMA. — Ah?... Eh bien, je la garde!

CLAUDE, très troublé. — Ah! vous ne vous doutez pas du plaisir que vous me faites!... Vous ne vous en doutez pas!

IRMA. — C'est curieux, vous n'avez pas l'air de penser un mot de tout ce que vous me dites.

CLAUDE. — Mais si, voyons, mais si! Seulement, j'étais un peu anxieux, n'est-ce pas? Je me demandais si vous accepteriez... Alors j'hésitais, je n'osais rien vous dire... A présent, c'est fini, je n'hésite plus, je suis rassuré, décidé, je me sens un autre homme!

IRMA, riant. — Rien que ça!... Est-ce que vous en avez encore beaucoup comme celle-là à votre disposition?

CLAUDE, d'un air crâne. — Tant que vous voudrez.

IRMA. — Tant que... Mais alors, dites donc, vous aussi vous m'avez l'air d'un sale capitaliste.

Elle s'assied.

CLAUDE, près d'elle. — Oui, oui, je suis un exploiteur... comme le baron... Tenez, c'est même pour ça qu'il m'en veut. Les gens riches n'aiment pas ceux qui gagnent de l'argent à côté d'eux...

Depuis quelques instants, l'orchestre a recommencé à jouer.

IRMA. — Comment! Mais tout à l'heure, avec Valtier, vous aviez l'air...

CLAUDE. — Valtier est un bavard qui n'a pas besoin de connaître mes affaires, tandis que vous, vous êtes une femme discrète, ça se voit.

IRMA. — Moi, c'est possible, je crois que oui... Et peut-on savoir où vous avez gagné tant d'argent que ça?

CLAUDE. — Eh bien... dans des mines...

IRMA. — Des mines d'or?

CLAUDE. — Non, pas des mines d'or, des mines de cuivre.

IRMA. — Ah! bon! parce que j'allais dire: d'abord, les mines d'or, ça n'existe pas. J'ai un de mes amis qui m'a expliqué.

CLAUDE. — Ah! oui?

IRMA. — C'est un type qui y croyait et qui a tout perdu. A la fin, il s'est rendu compte que, si on trouvait de l'or dans les mines comme on le dit, l'or finirait par diminuer de valeur.

CLAUDE. — Évidemment! Mais, moi, je ne touche pas aux mines d'or. Ma mine, c'est du cuivre, du simple cuivre. C'est une affaire énorme. On peut gagner un million par an. Ça fait cinq cent mille francs pour ma part.

IRMA. — C'est épatant!

CLAUDE. — Mais je ne veux pas vous embêter avec ça...

IRMA. — Mais, vous ne m'embêtez pas du tout.

CLAUDE. — C'est une affaire énorme. Jusqu'à ce qu'elle soit entièrement à nous, je n'en parle à personne... Ainsi, ce que je vous en ai dit...

IRMA. — Vous pouvez être tranquille.

CLAUDE. — Je vous ai raconté ça parce que vous n'avez pas l'air bavarde... et puis... parce que ça me plaisait de vous en parler... à vous... rien qu'à vous... Ça ne vous est pas trop désagréable ce que je vous dis là?

IRMA. — Oh! j'ai bon caractère.

CLAUDE. — Mais, n'est-ce pas? tout à l'heure, pas un mot, en soupant, pas une allusion...

IRMA, riant. — En soupant? Mais, puisque je vous ai dit que je m'en allais...

Elle se lève.

CLAUDE, la suivant. — Eh bien, savez-vous ce que nous devrions faire?

IRMA. — Quoi donc?

CLAUDE. — Allons souper quelque part ensemble.

IRMA. — Vous croyez?

CLAUDE. — Oui, je crois... Moi, j'ai l'idée de souper avec vous. Filons.

IRMA. — Où irait-on, d'abord? Je n'ai guère faim.

CLAUDE. — Moi non plus. Je vous dis que nous sommes faits pour nous entendre. L'important est d'aller souper ensemble... L'important est de rentrer ensemble.

IRMA. — Oh! là! Tout de suite!

CLAUDE. — Nous trouverons bien quelque chose à manger chez vous? Rentrons chez vous.

IRMA. — Ça vous dirait tant que ça?

CLAUDE. — Énormément!

IRMA. — Il est inouï! Et moi? Inutile de me consulter. Et si je vous disais que je n'y tiens pas?

CLAUDE. — Je vous répondrais que j'y tiens beaucoup.

IRMA. — Alors, moi, ce que je pense ou non, ça n'a aucune importance? Vous êtes le monsieur galetteux annoncé à l'extérieur... Il faut que je vous suive, comme ça?

CLAUDE, comme ailleurs. — Il faut me suivre!

IRMA, riant. — Il dit ça avec un air féroce... Ainsi, ça vous est bien égal que je n'y tienne pas, pourvu que je vous suive. (Gentiment.) Et si je vous disais que ça me fait plaisir?

CLAUDE, nerveux. — Partons! allez, partons!

IRMA. — Quel numéro!

CLAUDE. — Partons avant que les autres ne viennent. Nous n'aurons pas d'excuses à donner, pas d'explications.

IRMA. — Et puis, vous êtes peut-être gêné qu'on nous voie partir ensemble?

CLAUDE, sursautant. — Moi? Pourquoi ça? (Avec éclat.) Tout le monde peut me voir partir avec vous!

IRMA, lui fermant la bouche. — Voulez-vous vous taire! Qu'est-ce qu'il a? Quel type! Quel drôle de type!

Elle se dirige vers le fond et monte l'escalier, en tournant la tête vers Claude et en lui souriant. Claude la suit.

RIDEAU

Claude.   Irma.

Claude : « *Alors, vous voulez bien l'accepter, cette bague ?* »

Le Concierge « *Vous l'avez vue jouer, madame, dans cette pièce?* »

ACTE III

Chez Irma Lurette. Un petit salon attenant à la chambre à coucher, que l'on aperçoit par une baie vitrée dans le pan coupé de gauche. Sur celui de droite, un chiffonnier-secrétaire. Portes à droite et à gauche. Cheminée au fond. Chaise longue. Le couvert est mis sur une petite table. Une heure du matin.

Eugénie, la femme de chambre, est assise sur la chaise-longue et sanglote. Le concierge et les deux autres domestiques l'entourent.

LE CONCIERGE. — Voyons, madame Eugénie, il ne faut pas pleurer comme ça!

JEAN. — Il n'est peut-être pas si malade, votre homme!

MARIE. — Bien sûr, ce n'est pas raisonnable de se manger les sangs, comme tu fais. Quand tu sauras ce que c'est que cet accident, eh bien, il sera toujours temps de te désoler.

EUGÉNIE. — Oh! écoutez, il est malade! il est malade! pour qu'il m'aye envoyé une dépêche...

LE CONCIERGE. — Oh! pour ça, moi, quand j'ai vu le télégramme, je me suis dit: « C'est quelque malheur! Ça ne fait pas de doute... » (Malgré les signes que lui font Marie et Jean.) Dame! il vaut bien mieux lui dire les choses comme elles sont... Alors, quand j'ai vu ça, j'ai prié monsieur Jean et mademoiselle Marie, qui revenaient du théâtre, de monter avec moi: parce que, moi, je n'ai peur de rien... mais apporter des mauvaises nouvelles, comme ça, eh bien! ça me rend tout chose.

EUGÉNIE. — Oh! vous êtes bien gentils, et je vous remercie. Ah! je me serais fait de la bile si j'avais été toute seule en attendant madame! Asseyez-vous donc.

MARIE. — Qu'est-ce que tu vas faire?

EUGÉNIE. — Eh bien, je vais demander à madame qu'elle me laisse aller. Quelle heure qu'il est?

JEAN. — Il est à peu près une heure du matin... Où c'est-il donc qu'il travaille, M. Auguste?

EUGÉNIE. — Mon mari? Il est en place à Auteuil.

MARIE. — Et tu vas courir là-bas en pleine nuit?

EUGÉNIE. — Oh! je vais descendre jusqu'à la gare Saint-Lazare et je trouverai une voiture... « Viens tout de suite! » qu'il a mis sur la dépêche: il faut que ça soye urgent... Mon Dieu! Mon Dieu! Je ne le verrai seulement plus!

LE CONCIERGE. — Allons! allons! voyons! Il faut être plus courageuse que ça.

JEAN. — Mais pourquoi est-ce que vous l'attendez, votre dame?

MARIE. — Tu n'as pas besoin. Nous lui dirons que tu es partie, voilà tout.

EUGÉNIE. — Oh! pensez-vous! Si elle ne me trouvait pas là! Du reste, elle m'a dit qu'elle ne rentrerait pas trop tard. Elle était fatiguée... Je lui ai même préparé de quoi manger, des fois qu'elle aurait faim.

MARIE. — Eh bien, dis donc, on va pas se coucher, on va rester près de toi jusqu'à ce qu'elle revienne.

JEAN. — Elle rentre directement de son théâtre?

EUGÉNIE. — Pas ce soir. Il y a une fête.

JEAN. — Une fête?

EUGÉNIE. — Oui, parce que c'est la centième fois qu'ils jouent la pièce.

JEAN. — C'est pour ça qu'ils font une fête?

LE CONCIERGE. — Faut vraiment avoir besoin de

ire une fête! Mais alors elle va rester jusqu'au atin?

EUGÉNIE. — Oh! non, non, elle est trop délicate.

MARIE, près de la petite table. — Ça donne faim de ir de la mangeaille.

EUGÉNIE. — Veux-tu que j'aille voir à la cuisine l reste quelque chose?

MARIE. — Mais non, voyons, ça se passera.

JEAN. — Dites donc, vous lui avez préparé de oi manger; mais elle aura mangé là-bas, votre me. Ces fêtes-là, ça se termine par un souper fin.

EUGÉNIE. — Oh! c'est vrai! Je n'y ai pas pensé ulement... Tenez, je vas remettre ça en place, ça occupera. Je suis si révolutionnée!...

MARIE. — Attends, je vais tout de même prendre petit morceau. (Elle se sert.) Je n'ai pas l'habitude sortir le soir: ça me tiraille l'estomac... Ça ne us dit rien, à vous, monsieur Blond?

LE CONCIERGE. — Oh! moi, vous savez... je ne ux pas vous refuser. (Il prend un peu de viande froide. Eugénie.) Et vous, madame Eugénie?

EUGÉNIE. — Oh! non, merci, ça resterait là... Un u de pain, c'est tout ce que je pourrais avaler... ec une tranche de jambon, peut-être...

Elle se laisse servir.

JEAN. — Faut pas vous étouffer. Je vous verse à ire?

EUGÉNIE. — Je vais vous chercher des verres, mes ns amis.

Elle sort à gauche, dans la salle à manger.

LE CONCIERGE. — Pauvre femme! Asseyez-vous nc, monsieur Jean. Je vais vous faire une petite ace... C'est qu'elle est tout sens dessus dessous!

JEAN, la bouche pleine. — C'est effrayant, vous vez, des émotions pareilles!

EUGÉNIE, revenant avec des verres et une bouteille de . — Oh! vous dire le saisissement que j'ai eu, uvrir cette dépêche! J'en ai encore les bras qui mblent.

Elle leur verse à boire.

MARIE, à Eugénie. — Bois donc un verre de vin, génie, ça te soutiendra.

EUGÉNIE, d'une voix dolente. — Oh! non, pensez-us! Du vin pour moi, mes bons amis!... Je vais endre une goutte de bénédictine. (Elle va chercher service à liqueurs sur une commode.) Pourvu que je retrouve encore en vie!

JEAN. — Mais pardi! Sûr et certain que vous le rouverez! On ne quitte pas la terre comme ça... qu'il est fin, ce petit Bordeaux!

LE CONCIERGE, à Jean. — Vous l'avez vue jouer, dame, dans cette pièce?

Il boit.

JEAN. — Je crois bien! Madame Eugénie nous ait donné une loge.

EUGÉNIE. — N'est-ce pas, on a bien ri avec la sse Henriette et le chef et la teinturière? Croyez-us qu'elle avait mis un chapeau!... (Pleurant.) Il avait aussi mon pauvre Auguste...

JEAN. — Et qu'elle était bien, votre dame, dans te pièce!

EUGÉNIE. — Mais ce n'était pas elle qui jouait ce r-là, vous savez bien?

JEAN. — Ah! oui, ce n'était pas elle, c'est vrai, n'était pas elle! Ça ne fait rien, le rôle était bien u.

EUGÉNIE. — Oh! non, ce n'était pas madame. dame est bien plus jolie.

JEAN. — Je vous crois qu'elle est jolie!

EUGÉNIE. — Tout de même, si elle ne voulait pas me laisser partir tout à l'heure!

MARIE. — Oh! bien, voyons! Tu es folle, Eugénie! Ce serait inhumain!

EUGÉNIE. — Des fois qu'elle aurait peur de passer la nuit seule.

MARIE. — Oh! il ne faut pas te tourmenter, mon mignon. Dans des soirées comme ça, tu penses bien qu'elle aura trouvé un monsieur pour la raccompagner.

EUGÉNIE. — Tu as raison... (Joignant les mains.) Oh! mon Dieu! mon Dieu! Pourvu qu'elle ramène quelqu'un!

JEAN. — Dites donc, madame Eugénie, si elle avait trop peur de coucher seule, moi j'y tiendrais bien compagnie.

Il boit.

MARIE. — Penses-tu! On te l'a faite pour toi sur mesure!

JEAN. — Sans compter que j'y mettrais le prix!

EUGÉNIE. — Chut! Voilà madame. (Tous se lèvent à la hâte.) Filez vite par ici. Je vais ranger tout ça.

Le concierge, Jean et Marie sortent vivement à gauche, en emportant leurs verres. On entend la voix d'Irma dans la pièce à côté.

IRMA, à Claude. — Tenez, par ici, oui, oui. Oh! laissez donc votre pardessus dans l'antichambre.

Elle entre.

EUGÉNIE. — Oh! Madame a quelqu'un. Tant mieux!

IRMA, riant. — Je vous remercie, Eugénie. Tiens, vous avez soupé en m'attendant?

EUGÉNIE, en pleurant. — Oui, madame!

IRMA. — En quel honneur? Vous avez aussi fêté la centième?

EUGÉNIE. — Oh! non, madame. C'est mon pauvre mari qui est bien malade! (A Claude qui entre.) Bonsoir, monsieur.

IRMA. — Alors, vous avez voulu vous consoler?

EUGÉNIE. — Oui, madame... c'est-à-dire non, n'est-ce pas... C'est M. Blond, le concierge, qui était monté avec Marie Poizet et le maître d'hôtel du premier, afin de ne pas me laisser seule...

Elle continue à pleurer.

IRMA. — Qu'est-ce qu'il a, votre mari?

EUGÉNIE. — Une chute qu'il a faite en tombant. Voilà la dépêche.

IRMA, lisant. — Comment! « Viens tout de suite. » Et vous voulez partir à présent?

EUGÉNIE. — Si madame veut bien. Comme madame n'est pas seule... Je demande bien pardon à madame et à monsieur.

IRMA. — Allez, ma pauvre Eugénie! Moi, je me passerai très bien de vous. Monsieur me tiendra compagnie jusqu'à votre retour. (A Claude.) N'est-ce pas?

CLAUDE. — Certainement.

EUGÉNIE. — Merci, monsieur!

IRMA. — Nous, nous servirons nous-mêmes. Vous nous avez bien laissé quelque chose, au moins?

EUGÉNIE. — Madame, il y a encore du veau froid dans le garde-manger.

IRMA. — Avec ça et un peu de thé...

EUGÉNIE. — Je vais le préparer.

IRMA. — Non, non, dépêchez-vous! (A Claude.) Si on avait su, on aurait gardé la voiture.

EUGÉNIE. — Bonne nuit, monsieur, madame.

Elle sort.

IRMA, riant. — Bonne nuit! parce qu'elle vous voit ici, à cette heure-ci, elle va tout de suite croire... Mais, pas du tout, vous savez: nous allons bavarder un peu, et rien de plus, en attendant Eugénie. Pauvre fille! S'en aller, comme ça, en pleine nuit, toute seule... Elle va peut-être trouver son mari mort!

CLAUDE. — Mais non!

IRMA. — Quoi, mais non? Qu'est-ce que vous en savez?

CLAUDE. — Rien, mais...

IRMA. — Alors?

CLAUDE. — Faites voir cette dépêche.

IRMA, la lui donnant. — Elle n'est pas rassurante. (Claude lit la dépêche et reste pensif.) Hein?

CLAUDE. — Non.

IRMA. — Si ce n'est rien de grave, elle peut être de retour dans une heure.

CLAUDE, vivement. — Ah! vous croyez?

IRMA. — Dame! d'ici Auteuil, avec une bonne voiture...

CLAUDE. — Oui, elle sera de retour dans une heure.

IRMA. — A moins qu'elle ne reste là-bas à le soigner... Alors, il faudrait que je vous garde toute la nuit... (Voyant que Claude ne dit mot.) Il n'y a pas de quoi... C'est égal, j'en ai eu une chance de vous emmener avec moi! Vous allez me tenir compagnie jusqu'à demain matin... (Un temps.) Vous ne demeurez pas par ici?

CLAUDE. — Non, plus loin.

IRMA. — De quel côté? Etoile? Parc Monceau?

CLAUDE. — Plus loin que ça.

IRMA. — Ils sont tous les mêmes: ils ont horreur de donner leur adresse! Alors, si je veux aller vous rendre votre visite? Au fait, vous n'y tenez peut-être pas? Vous n'habitez pas seul?

CLAUDE. — Tout seul.

IRMA. — C'est gentil chez vous?

CLAUDE. — Non.

IRMA. — ...Tenez, je vais vous faire voir l'appartement.

CLAUDE. — Non, pourquoi?

IRMA. — Si, si, ça vous mettra plus à l'aise... et moi aussi... C'est vrai, on est là, on ne sait pas quoi se dire... Ici, c'est le petit salon. (Allant ouvrir la porte de droite.) et voici le grand. (Claude ne bouge pas.) Ah! vous n'êtes pas curieux. Du reste, vous ne perdez rien, il est toc, le grand salon. Je n'y vais jamais. C'est ici que je me tiens. Ça se voit, pas? Tenez, dans ce petit coin-là de préférence. Et si vous voyiez, dans le jour, comme c'est clair, comme c'est gai! Moi, d'abord, je ne me plais qu'ici. Je furette, je tripote, je change les meubles de place... Des fois, je chambarde tout à moi toute seule. Ou alors, si je n'ai rien à faire, je travaille. J'adore mon appartement. Il n'y a que deux ans que je suis dans la maison, mais je crois bien que j'y resterai longtemps. C'est vrai, à présent, ça m'embêterait de m'en aller.

CLAUDE, brusquement. — Et par là?

IRMA. — Oh! par là, c'est la chambre à coucher, ça ne vous intéresse pas. Enfin, voyez toujours. (Elle donne de la lumière.) Là-bas, c'est le cabinet de toilette, et, au fond, la chambre d'Eugénie. Là, par exemple, il y a quelque chose qui peut vous intéresser.

CLAUDE. — Quoi donc?

IRMA. — Une sortie. Oui, dans la chambre du fond, il y a une porte qui donne sur le palier. Ça peut servir.

CLAUDE. — Pourquoi faire?

IRMA. — Pour filer, tiens! Ne faites donc pas le malin. Supposez que mon ami vienne nous surprendre.

CLAUDE. — Ah! vous croyez...

IRMA. — Est-ce qu'on sait? (Riant.) Non, ne vous frappez pas. Vous me faites de la peine. Je n'ai pas d'ami, pour le moment. Je suis veuve... Qu'est-ce que vous avez?

CLAUDE. — Moi? Rien. J'ai un peu froid.

IRMA. — Eh bien, chauffez-vous! (Claude va s'asseoir devant le feu. Elle le suit et allume une cigarette.) Mais vous avez l'air d'avoir autre chose... Moi, je sais ce que vous avez... Je sais ce que vous vous dites...

CLAUDE. — Oh! je ne crois pas.

IRMA. — Vous vous dites que je suis une petite grue, et c'est ça qui vous défrise un peu... que vous me connaissez à peine, que vous m'avez été présenté il n'y a pas une heure et que... séance tenante, je... Ce n'est pas ça que vous vous dites?

CLAUDE. — Oh! pas du tout!

IRMA. — Comme vous iriez me jeter ça en pleine figure! Seulement vous le pensez, en attendant... Oh! je ne vous en veux pas, je vous comprends. C'est plutôt moi que je ne comprends pas. Qu'est-ce qui m'a pris? Vous savez, je n'ai jamais fait ça pour personne... Faudra pas le dire... Du reste, je n'avais aucune idée en vous ramenant... Oh! vous avez beau hausser les épaules. C'est vous qui vous figurez des tas de choses...

Claude se lève, d'un mouvement brusque, la regarde en face, et, après un instant de silence.

CLAUDE. — Eh bien, oui, je me suis figuré des choses... Pourquoi ne me serais-je pas figuré ça? Nous ne sommes plus là-bas, dans cette fête, nous sommes seuls, nous n'avons pas besoin de faire de chichis, nous pouvons nous dire nos vérités...

IRMA, interloquée. — Eh bien, vas-y, mon vieux!

Elle s'assied.

CLAUDE. — C'est vrai, voilà que tu fais des manières, maintenant. Tu veux avoir l'air de croire que je suis venu ici pour causer. Montre-toi comme tu es... Je vais te donner l'exemple, je vais te dire, moi, ce que je suis. Je ne suis pas du tout ce que tu crois, je ne suis rien de cet homme riche que tu as suivi tout à l'heure.

IRMA. — Ah!

CLAUDE, s'animant. — Non. Tu peux te mettre en colère, tu peux recommencer à m'attraper!... Car tu nous as envoyé quelques injures à Valtier et à moi, hein? Et comme tu t'es apprivoisée quand j'ai raconté que je gagnais beaucoup d'argent! Eh bien, j'ai le regret de te dire qu'il y a maldonne. Dans tout ce que je t'ai raconté, il n'y a pas un mot de vrai. Mes grosses affaires, mes mines de cuivre, c'est de la blague! Je suis un purotin, je suis comme Valtier, je n'ai rien du tout, tu entends?

IRMA. — Je m'en doutais un peu.

CLAUDE. — Allons donc! Si tu t'en doutais, est-ce que tu aurais accepté que je rentre avec toi? Non, non, tu fais semblant maintenant de n'avoir pas marché dans mes boniments, mais tu as marché!

IRMA. — Oh! je ne peux pas dire que j'aie marché ou non. Je me disais: « C'est peut-être vrai, c'est peut-être une blague... » Si tu étais le premier qui m'ait fait un boniment pareil! Du reste, la plupart y croient à ce qu'ils viennent me raconter, mais ça

...'en est pas plus vrai pour ça. Toi, tu n'y croyais pas, voilà tout !

CLAUDE, s'asseyant en face d'elle. — Je t'ai menti ! Je t'ai menti !

IRMA. — Et alors ? Tu m'as menti, pauvre bougre ! Tant pis pour toi. J'aurais mieux aimé que ça soit la vérité.

CLAUDE. — Pour toi, sans doute, hein ! Tu as bien cru que tu avais mis la main sur le fameux chopin ?

IRMA. — Oh ! mettons que je l'aie cru, puisque ça a l'air de te faire plaisir. Moi, je suis bien que je n'ai pas de veine. Je l'ai assez répété ; mais j'en ai pris mon parti et je n'embête pas le monde avec ça, car j'ai remarqué que ça ne servait à rien de dire aux gens qu'on n'a pas de veine. (Sentencieusement.) Le monde n'aime pas ceux qui se plaignent de leur sort. Une fois qu'il a vu qu'ils étaient malheureux, il dit : « C'est très bien », ça lui suffit, et il demande qu'on lui foute la paix.

Elle traverse le salon.

CLAUDE, la suivant. — Toi non plus, tu n'aimes guère les gens malheureux. L'as-tu assez fait voir tout à l'heure, quand tu as parlé de ton baron ! Nous en as-tu assez servi ! Ah ! tu l'as, toi, le culte de l'argent !

IRMA. — Je vous ai raconté des choses... Au fond, je ne sais pas si je les pensais tant que ça.

CLAUDE. — Oui, enfin, tu essayes de te rétracter maintenant ; mais, à ce moment-là, tu t'es bien montée, hein ?

IRMA. — Il est épatant, cet homme-là ! Qu'est-ce qu'il a donc ? Il veut absolument que je sois une masse ! Et c'est pour me dire ces gracieusetés-là que tu m'as demandé de rentrer ici ?... Oui, mon vieux, je te l'accorde, j'ai eu une petite crise, comme j'en ai quelquefois, et je n'étais pas fâchée de vous dire votre fait, à Valtier et à toi... D'abord, je vous trouvais injuste avec le baron. Moi, tu sais, je n'ai peut-être que cette qualité-là, mais je suis juste. Et puis, il y a aussi que je rageais, oh ! pas seulement contre vous, mais contre moi ; parce que le culte de l'argent, comme tu dis, je ne l'ai pas assez, au contraire, et ça m'a même fait assez de tort dans la vie !... Alors, c'est là-dessus que tu me jugeais ? Eh bien, tu t'es un peu trompé sur mon compte. (Riant.) Toi aussi, je t'ai fait marcher, sans le vouloir... (Claude ne répond pas.) C'est vrai, je me donne quelquefois des airs, je fais de la poussière devant le monde... Mais, au fond, est-ce que tu crois que je ne suis pas plutôt avec vous qu'avec le baron ? Je ne te dis pas qu'on est des frères, parce que tu ne serais peut-être pas flatté, mais, tout de même, avec un homme comme toi, je me sens plus à mon aise,... je ne sais pas, je suis en confiance...

Elle lui met les mains sur les épaules.

CLAUDE, se dégageant vivement. — Ne dis pas ça !

IRMA. — Pourquoi ?

CLAUDE. — Ne dis pas ça ! Comment ! Je ne t'ai conté que des mensonges, et tu serais en confiance avec moi ?

IRMA. — Pourquoi veux-tu que je t'en veuille de m'avoir menti ? Je te disais tout à l'heure que, quand tu me parlais, j'avais un peu l'impression que tu disais des blagues ; mais il me semblait que c'était surtout à toi-même que tu racontais des boniments. Alors, quoi, mon vieux ? c'est la purée ?... Mais, cette bague que tu m'as donnée, c'est donc du toc ?

CLAUDE. — Non, mais... n'en parlons pas, veux-... n'en parlons pas !

IRMA. — Comme tu voudras ; mais, tu sais, tu la remporteras en t'en allant. C'est curieux, ça ne me réjouit pas de te savoir à la côte, mais, d'un sens, ça ne m'embête pas non plus. Il me semble que je suis plus près de toi. Et, maintenant, tu ne te figureras pas que c'est pour ton argent, hein ?... Pourquoi fais-tu cette tête-là ?

CLAUDE. — Quelle tête ?

IRMA. — Je te dis des choses gentilles et tu as l'air de rogner. Enfin, quoi ? tu aurais préféré que je sois une sale bête ?

CLAUDE. — Peut-être !...

IRMA. — Eh bien, je n'en suis pas une, — du moins, je ne crois pas. Je répète bien souvent que je suis une grue, mais je n'en suis pas sûre. Si je le dis comme ça, c'est parce que j'ai peur de me l'entendre dire.

CLAUDE. — Oh ! tu es pareille aux autres, va ! Il y en a des quantités comme toi, qui s'imaginent qu'elles ne sont pas comme les autres. Vous êtes toutes les mêmes, des milliers et des milliers. Et, d'ailleurs, les hommes comme moi et les femmes comme toi, nous faisons tous une foule grouillante où les individus disparaissent. Il y en a qui viennent et qui grossissent le tas, il y en a d'autres qui s'en vont, et personne ne s'en aperçoit...

IRMA. — Eh bien, dis donc, y en a tout de même une personne qui s'en aperçoit, c'est celle qui s'en va... Mais qu'est-ce que c'est que ce bruit, là-haut ?

CLAUDE, sursautant. — Du bruit ?

IRMA. — Qui est-ce qui demeure donc là-haut ? Ah ! oui, c'est un petit vieux et sa femme, qui ont loué le petit logement du sixième. Comment se fait-il qu'ils ne soient pas couchés ? Il est bien une heure et demie...

CLAUDE. — Une heure et demie ! Non, pas encore !...

IRMA. — Pas loin. Moi, ça ne me va guère de me coucher tard... Demain, j'ai des tas de choses à faire... des choses pas embêtantes, d'ailleurs : mes derniers achats pour la tournée... c'est toujours amusant... Dommage que je sois si fatiguée, hein ?... Je vais enlever ça... Aide-moi donc à me dégrafer, tu veux ?... (Elle se met devant Claude, lui tournant le dos.) ...Je te fais faire la femme de chambre... (Claude la dégrafe en tremblant et à distance.) Dis donc, je te défends de m'embrasser tant que ça !... (Elle rit. Claude a l'air de ne pas entendre.) Dégrafe, il n'y a plus que le bas... Oh ! qu'est-ce que tu as à trembler comme ça ? C'est de dégrafer une femme ? (Elle lui prend les mains.) Oh ! comme il a les mains froides ! (Elle s'entoure des bras de Claude.) Il a les bras forts ; mais ce qu'il est nerveux ! ses bras sont tout secoués !... Allons ! Je vais mettre un peignoir, parce qu'il ne fait pas trop chaud. (Elle sort. Resté seul, Claude semble tout à fait désemparé. Ses regards font le tour du salon et s'arrêtent sur le secrétaire. Il hésite, s'en approche, avance la main... Le meuble est fermé. Il hésite encore, puis, la tête tournée vers la chambre à coucher, il sort de sa poche le porte-cigares, l'ouvre, en tire d'abord un foulard rouge qu'il remet dans sa poche, ensuite une pince-monseigneur en deux parties, qu'il commence à ajuster... La voix d'Irma le fait tressaillir. Irma, dans la chambre à coucher :) Tu as vu mon portrait ?... (Claude ne répond pas.) Il te plaît ?

CLAUDE, avec effort. — Oui... oui...

Il a remis précipitamment la pince-monseigneur dans sa poche. Il reste là, au milieu du salon, sans faire un geste. Soudain, il paraît avoir pris une résolution énergique. Il va au commutateur, près de la cheminée, *et éteint l'électricité; puis, lentement, il se dirige vers la chambre. Soudain il s'arrête, prête l'oreille et, vivement, se dissimule derrière le rideau de la baie. La porte de gauche s'ouvre lentement et un homme pénètre dans le salon: c'est Gabriel. Gabriel s'avance avec précaution, à tâtons. Il a retiré ses souliers et les a mis dans les poches de son veston. Apercevant de la lumière dans la chambre d'Irma, il s'en écarte et s'efforce de parvenir, en contournant la pièce, jusqu'au secrétaire. Comme il s'en approche, Claude se jette sur lui, son couteau à la main. Les deux hommes roulent à terre. Claude a le dessus. Gabriel pousse un cri de douleur: Claude l'a blessé au poignet. Attirée par le bruit, Irma, qui a passé un peignoir, accourt, affolée.*

IRMA, apercevant les deux hommes à terre, se met à crier. — Oh! mon Dieu! Qu'est-ce que c'est? Au secours!

CLAUDE, la voix haletante. — Non! n'ayez pas peur! et ne criez pas! Je le tiens!

IRMA. — Ah! mon Dieu!

CLAUDE. — Rallumez l'électricité!

IRMA. — Non! Non! Je n'entre pas! Oh! mon Dieu!

CLAUDE. — Mais puisque je le tiens! (Férocement.) Ah! oui, je le tiens, crapule!... (A Irma.) Mais rallumez donc, je vous dis, qu'on voie sa figure! (Irma s'avance en tremblant et tourne le commutateur.) Ah! à la bonne heure...! Oh! tu peux remuer, va!

IRMA. — Je vais appeler.

CLAUDE, vivement. — Non, non, n'appelez pas!

IRMA. — Mais si.

CLAUDE. — Mais non, je n'ai besoin de personne!

IRMA. — Je vais réveiller le concierge!

CLAUDE. — Laissez le concierge où il est. Je vous dis que je n'ai besoin de personne. (A Gabriel.) Toi, tu vas me donner les armes que tu as sur toi!

GABRIEL. — Je n'en ai pas, monsieur!

CLAUDE. — Allons! donne vite!

GABRIEL. — Je n'en ai pas, je le jure! Mon Dieu! ne me serrez pas si fort, vous m'étouffez!... Mais je n'ai jamais d'armes sur moi, jamais... Je ne saurais pas m'en servir... Desserrez un peu, vous me faites mal... Je ne demande pas mieux que de retourner mes poches... (Claude l'aide à se relever, en le maintenant solidement. Irma veut se sauver.) Oh! madame, ne vous sauvez pas. On vous dit qu'il n'y a aucun danger.

CLAUDE, à Irma. — Regardez-le donc! Il a plus peur que vous.

IRMA, la voix tremblante. — Oh! à présent, tu peux frousser, voyou! (Elle lui montre le poing, puis recule, effrayée.) Ton affaire est bonne!

GABRIEL. — Vous allez pas me dénoncer?

IRMA. — Oui, tu peux compter là-dessus.

GABRIEL. — Oh! monsieur, faut pas me dénoncer... Vous m'avez déjà fait très mal au poignet, regardez donc!

IRMA. — Non! mais attends qu'on te plaigne, apache!

GABRIEL. — Non, madame, je ne suis pas un apache, il ne faut pas dire ça.

IRMA. — Qu'est-ce que vous veniez faire ici?

GABRIEL. — Je vais vous dire, n'est-ce pas, c'est une adresse qu'on m'avait donnée...

IRMA. — Qui?

GABRIEL. — Des gens. C'est-à-dire qu'ils m'avaient donné le renseignement sans me dire positivement votre nom; j'ai fini par le trouver. Alors... Oh! je vous demande pardon, madame, si je m'assois... Je ne tiens plus sur mes jambes... Ce qu'il m'a serré, ce monsieur! J'ai été imprudent, madame. On m'avait pourtant dit qu'il y avait du péril à m'introduire chez vous.

IRMA. — Comment, du péril?

GABRIEL. — Bien oui, parce qu'il paraît que vous avez toujours quelqu'un.

IRMA. — Eh bien, dites donc! Voilà qu'il m'achète, à présent! Ça c'est le comble!

GABRIEL. — Oh! madame, il faut m'excuser; mais je suis à mille lieues d'avoir idée de vous faire offense.

CLAUDE. — Après?

GABRIEL. — Une fois que j'ai eu le nom de madame, eh bien, j'ai su dans le quartier que madame allait à une fête, ce qui m'a décidé...

IRMA. — Alors, il y a longtemps que vous êtes dans l'appartement?

GABRIEL. — Mais j'arrive, madame, j'arrive. J'avais attendu qu'il soye une heure, est-ce pas? Je voulais autant que possible que le concierge soye couché... Oh! pour un homme qui fait toujours attention, j'ai bien mal calculé mon affaire!

IRMA. — Vous en avez un culot!

GABRIEL. — Non, madame, il ne faut pas dire ça, je n'ai aucun culot! Si vous me connaissiez...

IRMA. — Eh bien, merci!

GABRIEL. — ...vous verriez que je ne suis pas du tout un effronté.

IRMA. — Il se fout de moi, ma parole!

GABRIEL. — Oh! madame, tout ce que je dis, vous le prenez à rebours... Je ne suis pas très fort pour m'exprimer...

IRMA. — Par où est-ce que vous êtes entré?

GABRIEL. — Par la cuisine... Une fois là, j'ai tout de suite vu de la lumière dans le salon... Je me suis dit: « Je vais m'en retourner »... C'était vexant d'être venu pour rien... Alors, j'ai attendu que ça soye éteint...

IRMA. — Vous mentez! Nous n'avons pas éteint ici...

GABRIEL. — Oh! si, madame... Quant à ça, monsieur peut vous le dire...

CLAUDE, vivement. — J'avais éteint en entendant du bruit à côté...

GABRIEL. — Du bruit! J'ai pourtant bien fait attention!

IRMA. — Oh! tu sais, je vais appeler le concierge.

CLAUDE. — Non! Non!

IRMA. — Enfin, on ne va pas passer la nuit comme ça?... (Un temps.)

CLAUDE. — Si on le laissait partir?

IRMA. — Eh bien, merci! Maintenant qu'il connaît le chemin!

GABRIEL. — Oh! madame, pouvez-vous croire? Jamais je ne foutrai plus les pieds chez vous!

IRMA. — Tâchez donc d'être poli, d'abord! Je ne vous parle pas. (A Claude.) C'est fou, voyons! Si on le laisse partir, il ira recommencer ailleurs...

CLAUDE, comme à lui-même. — Nous n'en sommes pas sûrs!

GABRIEL. — N'est-ce pas, monsieur, que ce n'est pas sûr? Je sens que vous me comprenez, vous. (Claude tressaille.) J'ai pas envie de refaire un coup pareil... C'est une bonne leçon!

CLAUDE. — Il faut qu'elle vous profite...

Irma.   Claude.   Gabriel.

Claude : « *Toi, tu vas me donner les armes que tu as sur toi !* »

IRMA. — Oh! fais comme tu voudras... mais je trouve ça idiot !

CLAUDE, allant vers la porte. — Allons! filez! Et faites attention !

IRMA. — Vous ne trouverez pas toujours des gens aussi poires. (Voyant que Gabriel ne bouge pas.) Eh bien, qu'est-ce qu'il attend?

GABRIEL. — Oh! écoutez, monsieur, si c'était un effet de votre bonté...

CLAUDE. — Quoi?

GABRIEL. — Ça serait de me laisser attendre ici jusqu'au petit jour...

IRMA. — Il est fou, ma parole !

GABRIEL. — Pourquoi? Je me mettrais dans un coin : je ne dérangerais pas monsieur; madame... A cause du concierge... A cette heure, je n'ai plus de jambes... j'aurais même pas de voix pour demander le cordon...

IRMA. — Non, mais il va peut-être falloir que nous lui fassions descendre l'escalier par la main!

CLAUDE. — Vous avez bien su entrer tout à l'heure... La porte de la rue était ouverte?

GABRIEL. — Non, j'ai sonné.

IRMA. — Et vous avez passé comme ça, devant la loge?

GABRIEL. — J'ai crié votre nom.

IRMA. — Et il vient me raconter ça!

GABRIEL. — Oui, mais à présent, ce n'est plus pareil, je n'ai plus de courage à rien...

IRMA, hors d'elle. — Voulez-vous me foutre le camp!

GABRIEL. — Voilà!... Voilà... Encore une nuit de fichue! (Il sort. Claude l'accompagne. On entend la porte de l'appartement se refermer.)

IRMA. — Ah! il est parti !

Elle chancelle.

CLAUDE, rentrant. — Sacré petit bougre! (La regardant.) Eh bien, eh bien, qu'est-ce qu'il y a?

Il la soutient.

IRMA. — Oh! je ne sais pas... c'est les nerfs... ça ne va pas.

CLAUDE. — Mais si, mais si, voyons!

Il l'aide à s'asseoir sur la chaise longue.

IRMA. — Oh! c'est égal, je l'ai échappé belle!

CLAUDE. — Allons! Allons!

IRMA. — Sans toi, j'y étais!... Oh! j'y étais bien!

CLAUDE. — Taisez-vous!

IRMA. — Ah!

CLAUDE. — Quoi?

IRMA. — Ce sang sur ta main!

CLAUDE. — Ce n'est rien, je me suis blessé en le jetant par terre.

IRMA. — Tu as mal?

CLAUDE. — Non.

IRMA. — Ah! moi, si! Oh! je sais bien ce que c'est : c'est mes crises de foie. Pour sûr. On me défend les émotions violentes... alors, tu comprends... Tant que cet homme était là, je ne sais pas, je n'ai rien senti... mais, maintenant, je... Oh! c'est bien ça. Oh!

CLAUDE. — Non! Non!

IRMA. — Oh! j'ai si mal!

CLAUDE, affolé. — Oh! mon Dieu! qu'est-ce que je vais faire? (Il l'étend sur la chaise-longue, met des coussins sous sa tête, et s'agenouille devant elle.) Ça ne va pas mieux?

IRMA. — Si, si. Oh! mon ami... tu m'as sauvée!

CLAUDE. — Mais non! mais non!

IRMA. — Il m'aurait tuée !

CLAUDE. — Non, je vous dis que non !

IRMA. — Oh ! je souffre et ça m'ennuie... ça m'ennuie de te donner tant de mal.

CLAUDE. — C'est terrible de vous voir tant souffrir et de ne pouvoir rien faire !... Voulez-vous un verre d'eau ? quelque chose ?

IRMA. — Non, rien, rien ! Oh ! ça me gêne tant à cause de toi !

CLAUDE. — De moi !

IRMA. — Mon pauvre ami, tu n'étais pas venu pour ça !

CLAUDE, tendrement. — Je voudrais tant vous soulager... mais je ne sais pas soigner les malades... Oh ! mon petit, mon pauvre petit !

IRMA. — Écoute. J'ai là une potion... (Elle désigne le secrétaire.) J'hésite toujours à en prendre parce que c'est un remède violent... mais tant pis ! je ne peux pas continuer à souffrir comme ça...

CLAUDE. — Oui, mais... les clefs ! (Il va au secrétaire.) Où sont les clefs ?

IRMA. — Oh ! je ne sais pas !... Oh ! je souffre ! Je souffre !

> Claude jette les yeux de droite et de gauche, d'un air hagard, puis comme frappé d'une idée subite, il tire de sa poche la pince-monseigneur.

CLAUDE. — Il y a là... un morceau de fer, une tige de métal... je ne sais pas ce que c'est... Sans doute un instrument que cet homme aura oublié... Je pourrais peut-être m'en servir pour ouvrir ce meuble...

IRMA. — Oui, oui !

CLAUDE. — Mais je vais le détériorer...

IRMA. — Oh ! ça ne fait rien, va, ouvre vite !

CLAUDE. — Je ne sais pas si je vais pouvoir... Je ne suis pas très malin pour ces trucs-là... (Il fait une pesée.) Ça vient !... Oh ! mais, c'est épatant ce que ça vient facilement !... (Il appuie plus fort.) Tiens, c'est ouvert !... Eh bien ! où est-elle, cette potion ?

IRMA. — Dans le coin, en haut... Tu vois un petit coffret ?

CLAUDE. — Oui, je vois, oui...

IRMA. — Elle est à côté... Donne...

CLAUDE. — Une cuiller...

IRMA. — Non, comme ça, donne vite ! (Il la fait boire.) Voilà, ça suffit...

CLAUDE. — Oh ! mais, ma petite Irma, vous êtes tout en nage !

> Il tire le foulard rouge de sa poche, et lui éponge le front.

IRMA. — Merci ! Oh ! que tu es gentil ! Que tu es gentil !... Ça va mieux, tu sais...

CLAUDE. — Oui, ça va mieux, ça se voit dans vos yeux... voilà votre gentille figure qui revient... Vous n'aurez plus mal, hein ? Il me semble que vous ressuscitez... que vous m'êtes rendue... que vous revenez de très loin !...

IRMA. — Oh ! cette fois, c'est tout à fait passé.

> Elle se soulève.

CLAUDE. — Prenez garde !

IRMA. — Non, il n'y a plus de danger... C'est épatant, tu sais, cette potion tout de même !

CLAUDE. — Oh ! oui, c'est épatant !

IRMA. — Seulement, il faut faire attention... Je voyais le moment où tu allais me faire avaler tout le flacon... (Souriant.) Tu sais que tu m'aurais empoisonnée ! (Il lui prend la main avec exaltation.) Et ce n'était pas un coup à faire après m'avoir sauvé la vie.

CLAUDE. — Oh ! pardon ! Je vous demande pardon !

IRMA. — Mais pourquoi donc que tu ne me tutoies plus à présent ?... Ça m'a fait rire, au milieu de mon mal, quand tu m'as appelée Irma !

CLAUDE. — J'étais affolé !

IRMA. — Je ne te le reproche pas, mon petit... mon petit... comment déjà ?

CLAUDE. — Claude.

IRMA. — Mon petit Claude. Eh bien ! mon Claude, on en aura eu des émotions tous les deux, hein ? Il n'en faut pas longtemps comme ça pour être des amis ! (Elle pousse un cri.) Oh ! regarde !

CLAUDE. — Quoi ?

IRMA. — Là, par terre !... son couteau !... Il a laissé son couteau ! Et il disait qu'il n'avait pas d'armes !... Tu vois bien qu'il venait pour me tuer ! Tu vois que tu m'as sauvé la vie, hein ? Tu ne veux pas m'avoir sauvé la vie ?... Est-il bête, cet homme-là ! Oh ! du reste, tu pourras bien dire ce que tu voudras, tu ne m'empêcheras pas d'en être sûre... Et puis, ce qui fait que je te suis reconnaissante, tu sais, ce n'est pas tant de ça que d'avoir été si gentil pour moi, tout à l'heure... ça, je ne l'oublierai jamais... Tu as été si bon quand tu m'as soignée, si bon !... comme jamais personne n'avait été avec moi... jamais, jamais !

> Elle lui prend la tête dans ses mains.

CLAUDE. — Oh ! taisez-vous ! taisez-vous ! Je ne peux pas vous entendre dire ces choses-là. Je ne peux pas !

IRMA. — Pourquoi ?

CLAUDE. — Pourquoi ? Oh ! ma pauvre petite, si vous saviez ! si tu savais ! si tu pouvais savoir !

IRMA. — Quoi donc ?

CLAUDE. — Ce que j'étais venu faire ici ! Oh ! tu ne resterais pas là, près de moi, à me regarder doucement, comme ça, avec ces yeux si tranquilles ! tu t'écarterais de moi, tu te sauverais, tu t'enfermerais dans ta chambre et tu appellerais au secours !...

IRMA. — Qu'est-ce que ça veut dire ?

CLAUDE. — Ça veut dire que je suis un être ignoble... que ce misérable qui était là tout à l'heure vaut mieux... ah ! cent fois mieux que moi !...

IRMA. — Comment ? Comment ? Qu'est-ce que tu dis là ?

CLAUDE. — Lui, il faisait son métier de brute, sans réfléchir, tandis que moi...

IRMA. — Quoi, toi ? Voyons, tu deviens fou !

CLAUDE. — Oui, moi, comprends-tu ? un être comme moi !... J'ai pu vivre deux jours avec cette idée en tête : l'idée de te tromper... de te surprendre... et peut-être... oh ! mon pauvre petit enfant !

IRMA. — Oh ! oh !... mais, qu'est-ce que je t'avais fait ?

CLAUDE. — Rien, voyons ! C'est ce qu'il y a de plus abject ! Je devais faire ça... Ah ! il faut que je te dise tout !... il faut que tu saches tout maintenant !... je ne devais faire ça que pour de l'argent... J'ai été chargé de te voler des papiers...

IRMA. — Des papiers ?

CLAUDE. — Oui, des lettres... est-ce que je sais ? des lettres terribles, dont tu aurais pu te servir contre un homme que tu avais connu dans le temps.

IRMA. — Oh ! mon Dieu ! si j'avais pu croire ! Moi qui me promettais toujours de brûler tout ça !... Tu connais cet homme dont tu parles ?

CLAUDE. — Non. Je ne sais même pas qui c'est. Je n'ai eu affaire qu'à un vieux gredin... tiens, ce

etit homme si tranquille qui habite à l'étage au-
essus. C'est lui qui m'a remis cette bague.

IRMA. — Ah! mon Dieu! mon Dieu!

CLAUDE. — Mais lui non plus, je ne le connaissais
as... Il s'était adressé à moi, il m'a pris comme il
aurait pris un autre... Il leur fallait quelqu'un
e bien misérable, quelqu'un qui aurait assez crevé
e faim, de froid et de rage, et alors, on m'a
ouvé!...

IRMA. — Mais c'est épouvantable! épouvantable!

CLAUDE. — Ah! ce n'est pas pour chercher une
euse, va! Je n'en ai pas, je me dégoûte trop!...
ais tu ne sauras jamais tout ce que j'ai pu endurer
epuis deux ans! Alors, j'ai eu un moment de révolte,
n coup de violence que j'ai pris pour du courage,
j'étais fier, oui, presque fier d'être un criminel!...
e me figurais que j'en serais capable; mais, jamais,
on jamais je n'aurais osé, entends-tu? Oh! c'est trop
errible, je te le jure, je le jure! Oh! non, je n'au-
ais pas fait ça!

Il ne peut retenir ses sanglots.

IRMA, garde un moment le silence, puis se lève et lui
et la main sur l'épaule. — Oh! mon pauvre vieux!
aut-il que tu aies été malheureux pour en arriver
!

CLAUDE, se détournant. — Ah! non, je ne veux pas
e tu me plaignes!

IRMA. — Mais si, je te plains. Ah! c'est qu'aussi,
y en a qui ont trop de misère! ça n'est pas
uste... Mais c'est fini, maintenant, c'est fini! Tu
es plus le mauvais homme que tu disais. Et je
s, moi, que tu ne l'as jamais été, dans le fond.
u te figurais qu'il n'y a qu'à vouloir; mais ce
est pas si commode que ça d'être un mauvais
ugre... Non, ne te cache pas... Veux-tu que je
en aille et que je te laisse pleurer à ton envie?...
on? Eh bien, je reste là, tu vois, je reste, mais
e tremble plus, va, je suis rassurée et tu auras
eau dire et me raconter tes colères et tes mauvaises
ées et tout, tu ne me fais pas peur, et je te défie
en de me tuer à présent! (Elle se jette dans ses bras.
e entend de légers coups frappés à la porte du palier.)
u'est-ce que c'est que ça?

CLAUDE. — Ça? Ah! c'est cet homme, l'homme de
-haut!...

IRMA. — Oh! mon Dieu! mon Dieu! Qu'est-ce
u'il veut?

CLAUDE. — Il vient chercher les lettres!

Il serre les poings.

IRMA. — Qu'est-ce qu'on va faire?

CLAUDE. — Je ne sais pas.

IRMA. — Eh bien!... Eh bien! Il faut les lui
onner. Et moi j'y tenais, j'y tenais beaucoup à
s sales lettres... C'était le seul homme qui m'avait
peu aimée... Ah! pour ce que ça m'a réussi!...
lle va prendre un gros paquet de lettres dans le secrétaire.)
n'en veux plus, maintenant. Va, qu'il les prenne...
lle les tend à Claude. Nouveaux coups à la porte.) Va lui
vrir.

CLAUDE. — Alors, tu veux?

IRMA. — Il faut bien. Expédie-le vite. Mais ne
is pas cette tête-là, il va s'apercevoir...

CLAUDE, se ressaisissant. — Tu as raison.

IRMA. — Attends. (Elle ôte sa bague et la lui donne.)
iens, tu lui rendras sa sale bague, pour qu'il croie
en que tout est fini. (Claude a un haut-le-corps.) Mais
n, bête! regarde-moi, je suis bien vivante.

Elle l'embrasse et, dès qu'il est sorti, elle se sauve dans
sa chambre. Claude fait entrer Doizeau. Celui-ci

paraît extrêmement ému. Il s'avance doucement sur
la pointe des pieds, une bougie à la main, et interroge
Claude du regard.

DOIZEAU, faiblement. — J'attendais... j'attendais...
votre signal.

CLAUDE, nonchalamment. — Ah! oui, je n'y pensais
plus.

DOIZEAU. — C'est ce que je me suis dit. Tout à
l'heure, j'ai entendu un cri, puis la chute d'un
corps par terre, il y a déjà un bon moment... Vous
avez donc été...

CLAUDE. — Jusqu'au bout!... Tenez, reprenez ça.

Il lui tend la bague.

DOIZEAU, il hésite, puis il prend la bague d'un air très
troublé, et la met dans sa poche. — Oh!

CLAUDE. — Quoi?

DOIZEAU. — Là... (Il lui montre la tache de sang que
Claude s'est faite dans sa lutte avec Gabriel.) Dépêchez-
vous de laver ça!

CLAUDE. — Ça n'a pas d'importance.

DOIZEAU. — Ah! bien! vous en avez un sang-
froid! Vous savez, je n'aurais jamais cru ça de
vous... Non, je n'aurais pas cru ça. (S'essuyant le
front.) Ah! vous pouvez dire que vous trompez bien
votre monde! Maintenant, vous êtes encore plus
tranquille qu'avant...

CLAUDE. — Oh! à présent que c'est fait!

DOIZEAU. — C'est égal, vous savez!...

Il souffle sa bougie.

CLAUDE, désignant la chambre. — Voulez-vous... jeter
un coup d'œil?

DOIZEAU. — Non! Oh! non!... Oh! il est extraordinaire! Eh bien, j'ai pourtant vu pas mal de
gaillards solides dans ma vie, mais un de votre
trempe, ça, jamais! Ouf! Moi, ça me fait un effet,
ces choses-là... ça me retourne... Je ne sais pas ce que
j'ai... ça... non, ça ne va pas...

Il se laisse tomber sur une chaise.

CLAUDE. — Ah! non, non, pas vous!

DOIZEAU. — Quoi?

CLAUDE. — Non, non, vous n'allez pas vous trouver mal à présent! Allons! allons! (Il le secoue.)

DOIZEAU, reculant, effrayé. — Ce n'est rien, ce n'est
rien!

CLAUDE. — Tenez, voilà vos lettres.

Il les lui remet.

DOIZEAU. — Vous les avez déjà trouvées?

CLAUDE, le regardant dans les yeux. — Elle les a
données elle-même.

DOIZEAU. — Comment ça?

CLAUDE, d'un air terrible. — Je vous garantis qu'elle
n'a pas hésité.

DOIZEAU, très impressionné. — Voici ce qui vous
revient. (Il lui tend une enveloppe.) Et puis, voici un
billet pour Bruxelles. Vous avez un train à huit
heures. Il faudra rester quelque temps là-bas, jusqu'à ce qu'on ne parle plus de cette affaire dans les
journaux. Du reste, soyez tranquille, on s'arrangera
pour que ça soit vite classé... Vous ne comptez pas
votre argent?

CLAUDE. — J'ai confiance.

DOIZEAU. — Bravo! J'aime les hommes comme
vous! (Avec effort.) Donnez-moi la main.

CLAUDE, impatienté. — Non. Allez-vous-en! Allez-
vous-en!

DOIZEAU. — Oui, oui, vous avez raison. Il vaut
mieux que je remonte, c'est plus prudent... Bon
voyage! (Il sort.)

IRMA, réapparaissant. — Je ressuscite?

CLAUDE. — Oui, il est parti.

IRMA. — Ah! le sale vieux! Heureusement qu'il n'est pas entré dans la chambre! Tu lui as remis les lettres?

CLAUDE. — Oui, en échange de ça.

Il lui montre l'enveloppe.

IRMA. — Mais c'est vrai, au fait, tu as touché de l'argent?

CLAUDE. — Dix mille francs... mais c'est à toi.

IRMA. — A moi? Mais non, je n'en veux pas. Tu ne vas pas me donner toute ta fortune!

CLAUDE. — C'est à toi. Si je n'avais pas pensé que c'était à toi, je crois que je n'aurais pas pu les prendre.

IRMA. — Tu les lui aurais laissés? Ah! non, par exemple! voilà qui m'aurait fait mal au cœur!... Au fait, on me doit bien ça, pour mes lettres! Tu sais, jamais je n'aurais voulu les vendre, même à ce prix-là; mais puisqu'on m'a tuée pour ça, tant pis! Dis donc, demain matin, quand le vieux me verra partir avec mes malles, il va en faire un citron!... Comme tu me regardes!

CLAUDE. — Je ne t'avais pas encore vue... Alors, tu t'en vas demain?

IRMA. — Oui. Et toi, qu'est-ce que tu vas faire? (Claude fait un geste vague.) Tu ne sais pas? Tu devrais venir avec nous.

CLAUDE. — Où ça?

IRMA. — Eh bien, là-bas. Je suis bien avec le patron, tu sais, le directeur de la tournée. Il te trouvera bien un coin dans la troupe. Quand je lui aurai dit tout ce que tu as fait pour moi...

CLAUDE. — Ne lui dis pas tout.

IRMA, tendrement. — Sois tranquille. Ça, c'est notre secret... Et ce n'est pas un secret ordinaire, hein? Je suis contente, moi. Je suis contente comme s'il m'était arrivé un grand bonheur... Dis, tu pars avec nous?

CLAUDE. — Pourquoi pas? Il n'y a rien qui me retienne ici. Mes malles seraient vite faites...

IRMA. — Oui, viens. On prend le train à onze heures pour Bruxelles...

CLAUDE. — Pour Bruxelles? J'ai déjà mon billet!

IRMA. — Non?

CLAUDE, le lui montrant. — Ce vieux vient de me le remettre.

IRMA. — Ils pensent à tout, ces gens-là!

Entre Eugénie.

IRMA. — C'est vous, Eugénie? Déjà de retour? Ce n'était donc pas si grave?

EUGÉNIE. — Mais non, madame! Figurez-vous que mon mari n'était pas malade du tout, et que c'était une stupide de farce qu'on m'avait faite... Ah! j'ai eu une peur!

IRMA. — Moi aussi, ma bonne Eugénie, on a voulu me jouer un vilain tour... (Regardant Claude.) Mais moi, je n'ai pas eu peur.

CLAUDE. — Moi, j'ai eu peur.

RIDEAU

Claude.   Doizeau.

Doizeau : « J'ai pourtant vu pas mal de gaillards solides dans ma vie, mais un de votre trempe, ça jamais! »

de se divertir, de s'ennoblir en se prouvant à eux-mêmes leur souplesse et d'étonner un peu, à chaque fois, le public. L'étonnement est le piment du plaisir. Je croirais volontiers que M. Tristan Bernard et son collaborateur M. Alfred Athis ont cédé à cet attrait et qu'il leur a paru piquant de composer un ouvrage d'une forme inusitée, paradoxale, extrêmement varié de ton et d'allure... N'est-il pas amusant de réunir dans le cadre d'une comédie légère les personnages les plus hétéroclites, des exemplaires de tous les milieux, de toutes les catégories sociales, de grouper l'homme de finance, l'homme de théâtre, le fils de famille, l'apache, l'escroc, le fêtard, la petite courtisane, de montrer qu'il existe entre ces figures de nombreux points de contact, et que, malgré l'apparence, elles ont un fond commun ? Ceci, c'est l'essence même de la philosophie anarchiste et savoureuse de M. Tristan Bernard... Les créatures humaines se valent, ou à peu près... Des combinaisons d'événements, hostiles ou favorables, les dominent, les gouvernent. Il en résulte du mal ou du bien, de la souffrance ou de la joie, du vice ou de la vertu... Et d'ailleurs aucun de ces faits n'a d'importance... »

M. Robert de Flers estime, dans la Liberté, que MM. Tristan Bernard et Alfred Athis viennent surtout de nous donner là une pièce audacieusement pittoresque et originale :

« C'est en vain qu'on cherchera à rapprocher ces trois actes d'une œuvre antérieure ; ces petits jeux des mémoires malveillantes seront cette fois déçus. Ce costaud appartient en propre à MM. Tristan Bernard et Alfred Athis ; il leur doit tout et j'imagine qu'il s'acquittera intégralement de cette dette. Nous avons retrouvé dans ces trois actes les admirables dons d'observation sensible et de clairvoyante ironie de M. Tristan Bernard et les qualités si sûres, si personnelles de composition et d'autorité scéniques de M. Alfred Athis, qui a été pour l'auteur du Danseur inconnu un précieux collaborateur. Je suis assuré, en faisant cette dernière constatation, d'être particulièrement agréable à l'un des deux auteurs du Costaud des Épinettes, et, ce qui est tout à fait curieux, c'est que celui-là ce sera certainement M. Tristan Bernard.

» Cette comédie nous a charmés par la nouveauté de son sujet et par la variété des milieux à travers lesquels elle évolue. Elle se tient, avec une vigueur qui ne se dément pas un instant, à égale distance de la fantaisie et du réalisme, de sorte qu'elle est tout près d'être bouffonne et pas bien loin d'être poignante. Il en résulte une impression très curieuse, très savoureuse. Les faits peuvent être un peu arbitraires, mais les sentiments ne le sont pas, et il y a dans ces trois actes l'analyse subtile, forte et dramatique d'un caractère, celui d'un déclassé qui s'essaye au crime, et dont

les hésitations, les craintes, les remords, nous sont habilement dépeints. Cela est tout à fait remarquable. Il est très curieux de voir comment MM. Tristan Bernard et Athis ont pu mettre en relief dans la personne du criminel non point le côté monstrueux, mais le côté humain. C'est d'ailleurs la voix de la conscience qui finit par être la plus forte ; il est vrai que cette fois, elle se confond avec la voix câline et tendre d'une petite femme. »

M. Régis Gignoux enregistre et commente ainsi, dans Paris-Journal, ce très grand et très juste succès :

« Dès l'exposition, nous avions espéré une transposition théâtrale d'un épisode de ce très beau livre : Amants et Voleurs, que nous appellerions le chef-d'œuvre de M. Tristan Bernard si, dans la production tellement diverse de ce maître, une préférence personnelle pouvait permettre de telles classifications sans nuire injustement à des œuvres comme Un Mari pacifique, Daisy, Monsieur Codomai, etc. Le deuxième acte marquait une période d'équilibre instable, de balancement qui nous inquiétait, parce que nous ne devinions pas le troisième acte, dont l'originalité des situations, la douceur sentimentale, la tendresse ironique, sont d'une puissance et d'une persuasion irrésistibles. Ces jeux de difficulté et de surprise et cette réussite ont augmenté l'importance d'une victoire à laquelle on s'associe de toute sa joyeuse reconnaissance.

» Sans doute, le personnage de Claude Brévin n'est pas très nouveau dans le théâtre de M. Tristan Bernard ; mais il est entouré des types les plus heureusement observés, voleurs débutants, hommes de théâtre et leurs amies, domestiques, — qui représentent le chœur antique dans ses comédies classiques ; et, principalement, le personnage d'Irma Lurette est absolument neuf, fait de tendresse et de ruse puériles, avec un abandon charmant, une vérité indulgente, et auréolé d'un peu de la douceur fraternelle de Dostoïewski. Sans distinguer la part de chaque collaborateur du Costaud des Épinettes, on peut reconnaître ici la voix de M. Alfred Athis, et c'est assez pour l'associer à part égale au nouveau triomphe de son admirable ami. »

M. Francis Chevassu, dans le Figaro, trouve aussi cette pièce charmante et singulière :

« Elle côtoie le mélodrame sans abandonner jamais le ton de la comédie ; on y parle de cambriolages, d'attaques nocturnes et de vols avec effraction de la manière la plus plaisante. Œuvre tout à fait déraisonnable et cependant délicieuse : sur sa trame fragile, les auteurs ont brodé de fines arabesques, et l'exactitude de leur observation est égale à l'audace de leur fantaisie. Oui, le Costaud des Épinettes est une pièce surprenante : MM. Tristan Bernard et Alfred

Athis affichent le réalisme minutieux de philosophes qui se plaisent à la représentation pittoresque des bas-fonds sociaux et en même temps ils montrent, dans la façon de conduire les événements et de disposer des circonstances, la désinvolture, l'aisance cavalière, qui semblent être le privilège des écrivains de contes moraux. En effet, ce roman d'un jeune apache sensible est, à sa façon, une berquinade, une idylle de la basse pègre que traverse un oiseau bleu dont l'aile, encore humide d'avoir touché le ruisseau, garderait une petite tache de boue. »

Et M. Félix Duquesnel, du Gaulois, qui trouve la pièce bizarre, ajoute que, d'ailleurs, ça n'est précisément pas son moindre charme :

« Elle m'a rappelé certaines pièces de Sardou, en sa première manière, qui ne fut pas la moins bonne, au temps des Pattes de mouches, par exemple ; le dialogue en est vif, léger, avec des mots de situation. »

Enfin, M. Camille de Sainte-Croix résume ainsi son opinion dans la Petite République :

« Trois actes qui ne sont ni uniformément bouffons, ni monotonement dramatiques, et qui vivent de cette qualité rare et supérieure dans les arts du théâtre : la variété.

» Un sujet simple, clair, fécond et neuf, — qui comporte tous les éléments de gaieté et d'intérêts, de fantaisie et d'émotion souhaitables. »

***

L'interprétation est remarquable. M. Louis Gauthier personnifie le costaud avec une force et une émotion contenues, qui lui sont bien particulières. M. Lérand et M. Joffre ont fait deux compositions admirables, le premier, du louche et tremblant entremetteur, le second, du « chand de vins » cynique, cordial et redoutable. M. Pierre Juvenet présente avec un entrain et un naturel étonnants son personnage épisodique de bon et joyeux garçon. Il faudrait du reste citer tous les titulaires de rôles « à côté » qui sont les artistes plus ou moins en vue, mais qui, tous, tiennent leur rôle avec un talent original ou au moins consciencieux, à commencer par MM. Levesque, Jean Dax, Baron fils, Maxime-Léry ou Mmes Cécile Caron, Ellen Andrée, Carèze, etc... Mais il faut accorder une mention toute spéciale à Mlle Lantelme qui a personnifié Irma Lurette avec un naturel extraordinaire, ayant, parmi son nonchalant abandon, toujours l'intonation exacte, l'attitude juste, le regard qu'il faut, bref donnant là cette constante impression de vérité qui est l'apanage des meilleurs artistes.

GASTON SORBETS.

Les prochains suppléments de théâtre de *L'Illustration*
contiendront :

LE MARIAGE DE TÉLÉMAQUE
de MM. Jules Lemaitre et Maurice Donnay
(Opéra-Comique).

LA FLEUR MERVEILLEUSE
de M. Miguel Zamacoïs
(Comédie-Française).

NONO
de M. Sacha Guitry
(Théâtre Antoine, direction Gémier).

MON AMI TEDDY
de MM. André Rivoire et Lucien Besnard
(Renaissance).

Le Directeur : René Baschet.

Imprimerie de *L'Illustration*, 13, rue Saint-Georges, Paris (9°)
L'Imprimeur-Gérant : A. Chatenet.